Umschlagmotiv: Dinkelsbühl

Herausgeber: Polyglott-Redaktion
Autorin: Gertraud M. Trox
Lektorat: Dagmar Lutz
Bildredaktion: Nicole Häusler
Art Direction: Illustration & Graphik Forster GmbH, Hamburg
Karten und Pläne: Sybille Rachfall
Titeldesign-Konzept: V. Barl
Realisation: Studio Wolf Brannasky

Wir danken den Mitarbeitern der örtlichen Verkehrsämter, den Leiterinnen der Informationszentralen „Fränkisches Weinland" und „Romantisches Franken", Frau Susanne Müller bzw. Frau Regina Bremm, Frau Renate Weinman im Amt für Kultur und Touristik Ansbach sowie Herrn Dr. Rowald Hepp, Direktor des Staatl. Hofweinkellers Würzburg, für die freundliche und großzügige Unterstützung der Recherchen.
Ergänzende Anregungen, für die wir jederzeit dankbar sind, bitten wir zu richten an: Polyglott-Verlag, Redaktion, Postfach 40 11 20, D-80711 München.



## Zeichenerklärung

- Information
- Busverbindungen
- Schiffsverbindungen
- Bergbahn
- Öffnungszeiten
- Telefonnummer
- Faxnummer
- Hotel
- $$$ DZ über 150 DM
- $$ DZ 70–150 DM
- $ DZ unter 70 DM
- Restaurant
- $$$ Hauptgerichte ab 20 DM
- $$ Hauptgerichte 13–25 DM
- $ Hauptgerichte bis 15 DM

**Routenpläne**

- Route mit Routenziffer
- Autobahn, Schnellstraße
- sonstige Straßen, Wege
- Staatsgrenze, Landesgrenze
- National-, Naturparksgrenze

**Stadtpläne**

- Durchgangsstraße
- sonstige Straßen
- Fußgängerzone
- Fußweg

Erste Auflage 1997

Redaktionsschluß: Oktober 1996

Printed in Germany
Gedruckt auf chlorfrei gebleichtem Papier
ISBN 3-493-628-2

Polyglott-Reiseführer

# Romantische Straße

Gertraud M. Trox

Polyglott-Verlag München

## Allgemeines



## Städtebeschreibungen

## Routen

**Route 1**

**Fachwerk, Riemenschneider und ein Schloß** S. 64

Tauberbischofsheim – Bad Mergentheim – Weikersheim – Creglingen: Gepflegte Städtchen inmitten einer üppig grünen Flußlandschaft.

**Route 2**

**Kleinode auf dem Land** S. 71

Abseits der Hauptstrecke zwischen Rothenburg und Dinkelsbühl warten mauerumgebene kleine Orte oder die ehemalige Residenzstadt Ansbach auf ihre Entdeckung.

**Route 3**

**Das fast perfekte Rund von Krater und Mauer** S. 77

Der Wörnitz folgend lernt man den ehemaligen Meteoritenkrater Ries kennen, der so rund ist wie die Mauer der Fachwerkstadt Nördlingen.

**Route 4**

**Burgen, Puppen und Ballone** S. 83

Harburg – Donauwörth – Dillingen – Gersthofen: Von der größten Burg Süddeutschlands in geschichtsbewußte schwäbische Donauorte und das Mekka des Gasballonsports.

**Route 5**

**Heitere Kunst, königliche Traumwelt** S. 88

Friedberg – Landsberg – Pfaffenwinkel – Neuschwanstein – Füssen: In der idyllischen Voralpenlandschaft setzten Barock, Rokoko und König Ludwig II. die romantischen Akzente.

## Bildnachweis

Alle Fotos Gertraud M. Trox außer Archiv für Kunst und Geschichte, Berlin: 11/1, 71/1. Josef Beck: 1. Ralf Freyer: 15/2, 19/1-2, 25/2, 27/3, 31, 33/1, 45, 47/3, 49/1 51, 55, 57/1, 61/1-2, 63, 75/2, 83/2-3, 85/2-3. Veit Haak: 7/1, 13, 33/3, 35, 37, 57/2, 71/2, 79/1, 87/2, 89/2. Volkmar Janicke: 69. Gerold Jung: 7/2, 17/1, 23/1-2, 43/1, 47/2, 73/2, 89/3, 93. Marlis Kappelhoff: 9/1. Pieter Jos van Limbergen/Bildarchiv Steffens: 27/1. Martin H. Petrich: 87/1. Marton Radkai: 49/2. Image Bank/Ronald R. Johnson: Umschlag.

*Kinderzech', Dinkelsbühl*

# Editorial

„Romantische Straße" – skeptische Menschen mögen in Straßen an sich schon den erklärten Gegensatz zu einer Umgebung reich an Harmonie und Gefühl sehen. Vielleicht könnte sie „Weg" oder „Pfad" eher einstimmen auf die knapp 350 km zwischen Würzburg und Füssen, die edlen Weinlandschaften an Main und Tauber, die greifbar menschlichen Dimensionen der Fachwerkstädtchen, die munteren Putten in Palästen und Kirchen, die grünen Wogen des Alpenvorlandes, aber vor allem die liebenswerten Begegnungen mit Franken, Schwaben oder Allgäuern. Viele wechseln nicht nur einmal im Jahr für einige Zeit ihre Identität. Sie schlüpfen in derbe oder prachtvolle Kostüme und werden zu Reisebegleitern in die mittelalterliche Vergangenheit, eine Welt der Reichsfürsten, guldenschweren Tuchhändler, Bauernheere, Marketenderinnen ...

Skeptiker könnten anführen, daß das frühe englische „romantic" auch die Bedeutungen „wunderlich" und „übertrieben" einschloß, und die Flut des Andenkenzierats mit einem Augenzwinkern bedenken. Aber warum sollten wir eigentlich nicht in einer romantischen Juni-Laune eine Christbaumkugel als Erinnerung an Rothenburg einkaufen oder eine Büste des Märchenkönigs für die Fensterbank erstehen? Dieser Ludwig II. schien alle Sehnsüchte des 20. Jahrhunderts zu ahnen, als er 1878 den Ausbau der Bahnfernstrecken mit den Worten zurückwies: „Auch für zahllose andere Menschen ... wird eine Zeit kommen, in der sie sich nach einem Lande sehnen und zu einem Fleck Erde flüchten, wo die moderne Kultur, Technik, Habgier und Hetze noch eine friedliche Stätte weit vom Lärm, Gewühl, Rauch und Staub der Städte übriggelassen hat."

*Das Rathaus von Friedberg*

*St. Coloman bei Füssen*

## Die Autorin

**Gertraud M. Trox,**
als Reiseredakteurin auf der Iberischen Halbinsel, in Lateinamerika und der Karibik zu Hause, spürt dennoch begeistert der Kulturgeschichte in ihrer bayerisch-schwäbischen Heimat und im Land ihrer mainfränkischen Vorfahren nach.

# Zwischen Main und Alpen

## Lage und Landschaft

Gewaltige Bewegungen der Erdkruste definierten im Erdmittelalter die Großstruktur Süddeutschlands. Durch die Aufwölbung des Oberrheintals gerieten die angrenzenden Gesteinspakete über Hunderte Kilometer hin in Schräglage. So fallen im *Schwäbisch-Fränkischen-Schichtstufenland* die Lagen des Buntsandsteins und Muschelkalks, die an den Mainmäandern zutage treten, nach Osten ab. Beide Gesteinsarten verwittern zu Böden, die den Weinbau begünstigen. Er prägt seit Jahrhunderten im Maindreieck die Landschaft. Ein wenig Heimeligkeit hat ihr die Flurbereinigung sicherlich genommen, doch naturgegeben reizvoll ist das Wechselspiel zwischen der starren Wintergeometrie der Weinstöcke und ihrem barocken Sommergrün.

Die nächstjüngeren Felspakete (Keuper) sind an den westlichen Steilhängen der Frankenhöhe bei Rothenburg zu sehen. Sie scheiden dort in rund 500 m Höhe die größten europäischen Flußsysteme zwischen Atlantik und Schwarzem Meer: Während die Tauber in einem waldreichen Tal dem Main und dieser dem Rhein zustrebt, schlängeln sich Wörnitz und Altmühl der Donau entgegen. Charakteristisch für die *Frankenhöhe* sind Trockenrasenareale mit niederem Buschbestand – uraltes Land der Schäfer. Im Bereich des *Naturparks Frankenhöhe* (1100 km², gegr. 1974) bis hinunter zum Hesselberg betreiben sie mit ihren Herden für geringste Rendite wertvollen Landschaftsschutz. Storch und Roter Milan konnten hier ihren Lebensraum behalten, und im Frühjahr fährt man durch blühende Obstbaumalleen und Wiesen, deren knalliges Butterblumengelb und Lichtnelkenrosa vor leuchtendem Grün man sonst eher auf Bildern von Kandinsky oder bei Werken der Pop-art statt in der Natur so unvermittelt nebeneinander findet Die Stufe zu den abermals später entstandenen Juraschichten weiter im Süden unterbricht der Meteoritenkessel des *Ries* (s. u.) rund um Nördlingen. Die recht wasserdurchlässigen und daher von einer schütteren Pflanzendecke überzogenen Jurakalke erlauben Wissenschaftlern Zeitreisen über 150 Mio. Jahre: In ihnen blieben wahre Natursensationen wie der Urvogel Archäopterix als Versteinerungen konserviert.

Jenseits der Donau öffnet sich die Landschaft und gibt sich wohltuend großräumig. Bis nach Landsberg fährt man durch das weite *Lechtal,* dessen Schotterflächen die späteiszeitliche Schmelzwässer aus den Alpen aufgeschüttet haben. Erst auf den letzten 50 km bis zum Fuß der Allgäuer Berge bei Füssen wölben sich weiche Hügel auf. Bisweilen verstellt eine Anhöhe den Blick auf Moorzonen und Seen, die zwischen satten Viehweiden Mulden füllen. Diese natürlichen Schwimmbäder haben die Gletscher ausgeschürft.

Die Wälder, in denen Europas Kaiser, Herzöge oder Fürsten jagten, erfuhren

### Wenn Steine verdampfen

Als vor 15 Mio. Jahren ein Steinmeteorit von einem Kilometer Durchmesser mit 70 000 km/h auf die Erde zu raste und sich etwa 1000 Meter tief in den Boden bohrte, sprengte er mit der Energie von nahezu 250 000 Hiroshima-Bomben einen Krater. Der Meteorit selbst und der unmittelbar getroffene Stein verdampften, andere Schichten schmolzen, wurden zertrümmert und in die Luft geschleudert. Noch in über 100 km Entfernung vom Krater, der einen Durchmesser von 25 km hat, war alles Leben zerstört. Auf dem Kraterboden bildete sich ein See von 400 km²

von jeher als Prestigeobjekte besondere Pflege und Schutz. So bildete ein Teil der ausgedehnten Fuggerschen Besitzungen bei Augsburg den Grundstock für den *Naturpark Augsburg-Westliche Wälder* (1175 km²). In seiner abwechslungsreichen Mischwald-, Wiesen- und Kulturlandschaft treffen Wanderer wieder auf Fischreiher und seltene Orchideenarten.

## Klima und Reisezeit

Wenn Südbayern unter einem regengrauen Himmel liegt, meldet der Wetterbericht nicht selten Aufheiterungen nördlich der Donau und in Mainfranken. Bei Tiefdruckwetterlagen heißt das Problem des Südens Alpenstau. Dann kann es über Stunden und Tage regnen. Das große Plus hingegen ist der Föhn, der Bayern im Sommerhalbjahr bis nach Augsburg Biergartenwärme beschert und im Herbst und Frühjahr die Nebeldecken aufreißt. Trotzdem kann das Mainland mehr Sonnenstunden im Jahresmittel anführen als das Allgäu. Vor allem aber denkt in den fränkischen Weinbergen zur Zeit der Lese im September und Oktober noch niemand an Schnee, während am Alpenrand Kaltlufteinbrüche die Berge bis auf 1200 m hinab weiß pudern.

Fläche; man hat hier u.a. versteinerte Schneckenschalen gefunden. Erst 1960 wurde durch Analysen des *Suevit* („Schwabenstein", das Baumaterial der Nördlinger St.-Georgs-Kirche) die Theorie des Meteoriteneinschlags zweifelsfrei bewiesen: Einige der Mineralien im Stein konnten nur bei extremen Temperatur- und Druckverhältnissen entstanden sein, wie sie im Erdinnern niemals vorkommen. Zur Vorbereitung ihrer Mondmission und der Erforschung von Kratern auf dem Erdtrabanten trainierten die Astronauten von Apollo 14 und 17 im Ries-Krater.

*Im Pfaffenwinkel südlich von Rottenbuch*

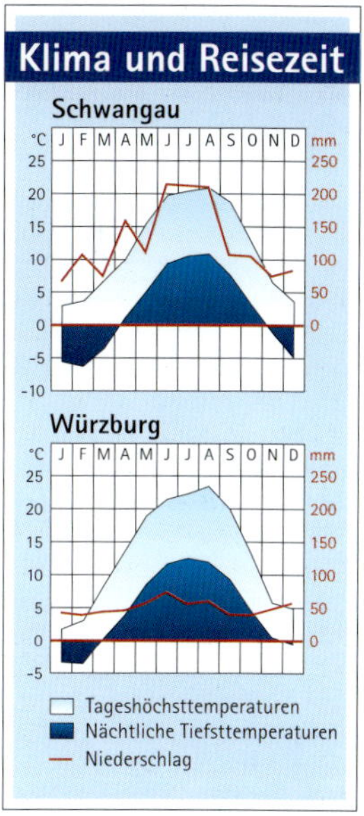

Die Antwort auf die Frage nach der Reisezeit heißt: immer. Gewiß schränkt die kühlere Jahreszeit die Außenaktivitäten ein, und einige kleinere Attraktionen haben zwischen Oktober und März kürzere Öffnungszeiten oder sind ganz geschlossen. Andererseits zeigen die Städte dann um so mehr Eigenleben, allen voran Rothenburg.

## Bevölkerung – Sprache – Religion

Römer und Kelten, Alemannen, Franken und Bajuwaren: Alle hinterließen Spuren zwischen Würzburg und Füssen. Am leichtesten lassen sich die alten Stammes- und Territorialgrenzen, mit dem Ohr nachvollziehen. Das Fränkische prägt die Lande vom Main bis etwa Dinkelsbühl, wobei in der westlichsten Ecke um Bad Mergentheim die württembergisch-schwäbischen Laute unüberhörbar werden. Im Ries und südlich der Donau, im ehemaligen Gebiet des Stammesherzogtums Schwaben, wird „geschwäbelt", und ab Buchloe alpenwärts färbt der Allgäuer Dialekt (ebenfalls alemannischen Ursprungs) die Sprache. Der Lech bildet die Grenze zum Bayerischen im Osten. Ein Ausflug etwa in den Pfaffenwinkel macht dies schnell deutlich.

Daß die *Religion* keineswegs immer eine Sache freier Entscheidung ist, lehrt die Geschichte. Die Götter konnten dem Römischen Reich nicht wirklich gefährlich werden, wohl aber die Christen, auch in der Provinz Rätien, deren erste Märtyrerin, die hl. Afra (gest. um 304), später zur Patronin des Bistums Augsburg erhoben wurde. Am Main faßte das Christentum nach den Missionsreisen der Iren Kilian, Totnan und Kolonat langsam Fuß. Seit karolingischer Zeit bildeten sich überall dort, wo internationaler Handel eine Rolle spielte, jüdische Gemeinden (s. S. 14). Wie sehr sich die katholische Kirche als weltpolitischer Machtfaktor verstand, zeigte sich vor allem im 16. und 17. Jh. Martin Luther kritisierte in seinen Schriften nicht zuletzt die Geldgier der „Schwarzröcke" und löste damit ein blutiges Kräftemessen in Europa aus. Es ist bemerkenswert, daß die damaligen Bastionen der Befürworter (Rothenburg, Ansbach) bzw. Gegner des Protestantismus (Würzburg) sich bis heute in der Konfessionszugehörigkeit der Bewohner spiegeln.

## Wirtschaft

1847 berichtete der Reiseschriftsteller Ludwig Braunfels über Würzburg, es gäbe „wenige Fabriken, die in Tabak, Leder, Tuch, Zucker u. a. m. arbeiten", dagegen betonte er die Bedeutung der Brauereien und „Fabriken, die den kernigen, ehrenfesten Mainwein in leichtfüssigen Champagner verkleiden".

Heute fallen mitten in Würzburg die Weinberge ins Auge, und die Weingüter des Staatlichen Hofkellers und des Juliusspitals zählen zu den größten in Deutschland. Die Beschäftigungszahlen im Ernährungsgewerbe (inklusive dem Weinbau) sind allerdings gering. Etwa 60 % der Arbeitsplätze im Raum Würzburg entfallen auf den Dienstleistungsbereich, knapp 40 % auf das produzierende/verarbeitende Gewerbe, 1,2 % auf Land- und Forstwirtschaft. Einen Schwerpunkt der vorwiegend mittelständischen Betriebe bilden Elektrotechnik und Metallhandwerk. Günstige Bodenpreise haben in Franken sowie in Bayerisch-Schwaben die Ansiedlung von Industrie auf dem Land gefördert. Das Ergebnis einer Umfrage (1996) im Regierungsbezirk Schwaben, wonach Käse das bekannteste Produkt der Region ist, gefolgt von Milch, Joghurt, Butter und Spätzle, täuscht über die Realität hinweg. Etwa 50 % der Beschäftigten sind in allen Sparten von Industrie und Handwerk tätig, 18 % in Handel und Verkehr, ca. 30 % im Bereich Dienstleistungen, 1,2 % in der Landwirtschaft, deren Erträge jedoch weit über Bayerndurchschnitt liegen.

Mit den Handelshäusern im ausgehenden Mittelalter begann Augsburgs Aufstieg zu einem Zentrum des Handels und später der Textilindustrie, die zu Zeiten der fortschreitenden Technisierung um die Jahrhundertwende der Stadt Wohlstand brachte. Heute ist die Textilbranche einem harten Konkurrenzkampf ausgesetzt, doch Marken wie Schüle, Dierig oder NAK (Neue Augsburger Kattunfabrik) sind Legende. Ähnlich MAN, die Maschinenfabrik Augsburg-Nürnberg. Diesels „Kraftmaschine" hatte ihr den entscheidenden Auftrieb gegeben, und sie wird über die Jahrtausendwende hinaus ein Standbein der Augburger Industrie bleiben. Ebenso zählt Osram, einer der weltweit führenden Produzenten von Glühlampen, hier zu den größten Arbeitgebern.

*Jakob Fugger (Porträt von A. Dürer im Schaezlerpalais, Augsburg)*

## Venedig war nah, Venezuela nicht zu weit

Ein Stadtbucheintrag von 1276 regelte bereits die Warenmenge, die ein Kaufmann aus Venedig kommend in Augsburg absetzen durfte. Aus dem 13. Jh. stammen auch die ersten Urkunden der Familie *Welser.* 1528 erhielt das Handelshaus zum Dank für die finanzielle Unterstützung Karls V. bei der Kaiserwahl vom Papst die Kolonie Venezuela. Wegen grausamer Kolonisierungspraktiken verloren die Welser die Territorialrechte jedoch 1556 wieder. Im Jahr darauf wurde dennoch die schöne Philippine Welser mit Erzherzog Ferdinand II. vermählt. Das Imperium der Welser, die sich in Amerika und Asien engagiert hatten, brach 1614 zusammen. Auch die anderen Augsburger Handelshäuser, die im Hintergrund politisch tätig waren – Baumgartner, Hörwarth, Gossembrot oder Höchstetter –, erlebten einen raschen Niedergang.

Einzig den *Fuggern* gelang es, über 500 Jahre lang Finanzgeschichte zu schreiben. 1367 hatte sich der Weber Hans Fugger aus dem Lechfeld-Dorf Graben in Augsburg niedergelassen und durch Heirat mit der Tochter des Weber-Zunftmeisters Bürgerrechte erworben. Drei Generationen später besaß das Familienunternehmen in Venedigs Fondaco dei Tedeschi, dem deutschen Kaufhaus, einen eigenen Raum. Jakob, der jüngste von sieben Brüdern und ursprünglich für die Laufbahn eines Klerikers bestimmt, brachte die Fugger an die Weltspitze. Millionensummen lieh er den Habsburgern und ließ sich dafür in Tirol, Ungarn, Polen und Spanien Erzminen verpfänden, mit deren Ertrag er in Venedig Geschäfte machte. Kluges Taktieren brachte ihm sogar Kontore in den Hansestädten. Als Trostpflästerchen für immense Schulden erhob Kaiser Maximilian Jakob den Reichen (1459–1525) in den Reichsgrafenstand.

Das Verdienst, das Imperium durch die Wirren der Bauern- und Religionskriege geführt zu haben, gebührt seinem Neffen Anton (1493–1560). Er erkannte die Zeichen der Zeit und stieg von der Finanzpolitik auf eine Sicherung des Vermögens in Form von Immobilien um. Trotz habsburgischer Außenstände in Höhe von 5 Mio. Gulden, die die Fugger nie mehr wiedersahen, verwaltet die Familie mit der Lilie im Wappen heute ein beträchtliches Vermögen.

## Geschichte im Überblick

**1300–500 v. Chr.** besiedeln Keltenstämme den süddeutschen Raum und legen Fliehburgen an. Der Begriff der Urnenfelderkultur leitet sich aus ihrem Brauch ab, die verbrannten Überreste der Toten in Tongefäßen beizusetzen.

**Um 100 v. Chr.** Germanen dringen von Norden her zum Main vor.

**15 v. Chr.** Augusta Vindelicorum (Augsburg) wird Hauptstadt der römischen Provinz Rätien, der Handels- und Heeresweg der Via Claudia von Füssen her ausgebaut. Ein Jahr darauf haben die Römer das Land bis zur Donau erobert. Der Limes verbindet Donau und Rhein. Ausbreitung des Christentums im Römischen Reich.

**Um 200 n. Chr.** Das Mainland wird von den westgermanischen Alemannen besetzt, die um 250 den Limes durchbrechen.

**Im 6. Jh.** überschreiten die aus Böhmen stammenden Bajuwaren die Donau und siedeln südwärts zwischen Lech, Alpen und Enns. Zur selben Zeit dehnen die Franken ihr Herrschaftsgebiet vom Rhein her mainaufwärts aus und nehmen das Christentum an.

**8. Jh.** Das Herzogtum Bayern wird dem Reich Karls des Großen eingegliedert.

**955** Kaiser Otto I. siegt auf dem Lechfeld über die Ungarn. Das Reitervolk wird in die Donauebene zurückgedrängt. In den folgenden Jahrhunderten ziehen auf der alten Via Claudia von den Alpen her über Augsburg und auf ihrer jüngeren Fortführung bis Würzburg die Wagenzüge der Handelshäuser, Heerestrosse und ebenso der Päpste und Kaiser zu Reichstagen.

**11.–13. Jh.** Der Bischof von Würzburg erlangt 1030 die Herzogswürde. In Augsburg bestimmt der Bischof die Geschicke der Kaufmannsstadt, deren Bürger bald nach Selbständigkeit streben. Nach Nördlingen (1215) und Rothenburg (1274) wird Augsburg 1276 Freie Reichsstadt.

**Im 14./15. Jh.** begründen Handwerk (Weberei, Goldschmiedekunst) und Handel von Süddeutschland bis in die Niederlande und nach Italien den Wohlstand der Städte. Um die stark gewachsenen Siedlungen werden Befestigungen gebaut. Einen Beitrag zum Aufschwung der bayerischen Region leistet ab 1302 Herzog Ludwig von Bayern, der von 1314 bis zu seinem Tod 1347 als deutscher König regiert und seine Stammlande fördert.

**16. Jh.** 1517 veröffentlicht Luther seine 95 Thesen über Mißstände der katholischen Kirche. Die Reformation bringt das Machtgefüge im deutschen Reich in Be-

## Wo Churchills Ahne siegte

Den Faktor elf müsse man, so Höchstädts Heimatpfleger Georg Strobel vor dem Diorama der Schlacht von 1704, für die Realität ansetzen. Statt 9000 Soldaten wie auf dem Diorama standen sich damals an die 100 000 Männer am Nebelbach bei Blindheim gegenüber: im Westen 56 000 Franzosen und Bayern, im Osten 52 000 Preußen, Dänen, Österreicher und Regimenter des Schwäbischen Kreises unter der Führung des Prinzen Eugen und des Herzogs von Marlborough, John Churchill. Auf dem Spiel stand das Gleichgewicht der Mächte in Europa. Mit dem Tod Karls II. im Jahre 1700 war die spanischen Linie der Habsburger ausgestorben. Testamentarisch hatte er seinen Großneffen Philipp von Anjou zum Erben bestimmt. Der deutsche Kaiser Leopold I. – wie Ludwig XIV. mit einer Schwester Karls II. verheiratet – erhob Anspruch auf das Erbe zugunsten seines Sohnes Karl. Wilhelm III. in London wiederum sah in der Thronfolge Philipps eine Gefahr und schloß eine Allianz mit Leopold I. und Portugal. Im *Spanischen Erbfolgekrieg* (1701–1714)

wegung. Die steigende Armut der Bauern und ihre Abhängigkeit von den im Luxus schwelgenden Grundherren, für die sie Frondienste erbringen müssen, führt zu Aufständen. Von Thüringen bis zum Oberrhein erhebt sich 1525 im Bauernkrieg ein Großteil der Landbevölkerung, die jedoch nach unbeschreiblichen Grausamkeiten auf beiden Seiten unterliegt.

**1555** garantiert der „Augsburger Religionsfriede" den Freien Reichsstädten die Freiheit der Konfession, während die Territorialfürsten das Bekenntnis ihrer Untertanen bestimmen können. Die bayerischen Wittelsbacher, die den Katholizismus verteidigen, müssen protestantische Inseln wie Augsburg oder Rothenburg dulden.

**1582** Universität Würzburg gegründet.

**1618–1648** Im Dreißigjährigen Krieg wird Süddeutschland von Tillys katholischen Heeren und den protestantischen Truppen des Schwedenkönigs Gustav Adolf verwüstet.

**1704** Schlacht bei Höchstädt.

**1803** Der Reichsdeputationshauptschluß hebt die geistlichen Fürstentümer und den Sonderstatus der Freien Reichsstädte auf. Die Bistümer Augsburg und Würzburg (1814) werden Bayern eingegliedert.

**1806** Bayern wird Königreich, Maximilian I. sein erster Regent.

**Mitte des 19. Jhs.** beginnt die Verkehrserschließung der größeren Städte. Der Industrialisierung (Maschinenbau, Textilverarbeitung) wird damit der Weg bereitet. Alte Stadtmauern fallen zugunsten von Ringstraßen.

**1877** schließt sich Bayern dem Deutschen Reich an.

**1895** Wilhelm Conrad Röntgen entdeckt in Würzburg die nach ihm benannten Strahlen.

**1923/24** Adolf Hitler wird nach einem gescheiterten Putschversuch in München wegen Hochverrats zu fünf Jahren Festungshaft verurteilt, jedoch nach neun Monaten vorzeitig aus der Haftanstalt in Landsberg entlassen. Während der Haftzeit verfaßt er sein programmatisches Buch „Mein Kampf".

**1945** Schwerste Bombenschäden in Augsburg und Würzburg.

**1950** Um den Tourismus anzukurbeln, heben Verkehrsämter zwischen Würzburg und Füssen das Projekt „Romantische Straße" aus der Taufe.

**1985** Augsburg, feiert sein 2000jähriges Bestehen.

ging es letztlich um weit mehr als die Iberische Halbinsel, nämlich um den gewaltigen kolonialen Besitz in Übersee und die Vorherrschaft auf den Weltmeeren. Aus der Schlacht bei Blindheim gingen Prinz Eugen und Churchill als Sieger hervor. Letzterer erhielt zum Lohn den Besitz Blenheim Palace bei Oxford. An Großbritannien fielen weite Territorien in Nordamerika, an Österreich die spanischen Niederlande und Teile Norditaliens. Frankreich sicherte vertraglich zu, daß es nie mit Spanien vereint werden dürfte, und Philipp bestieg den spanischen Thron.

*Kaiser Augustus, Augsburg*

# Kultur gestern und heute

Seine zentrale Lage in Europa zeichnete die Entwicklungslinie des Gebietes an der Romantischen Straße vor. Wo im Altertum keltische und römische Kunst aufeinandertrafen, blieb später so mancher Künstler auf der Wanderschaft in einem Ort an Main oder Lech hängen. Andere zogen gezielt in die Reichsstädte, denn finanzstarke Kirchenfürsten und Handelsherren legten ihre Gulden den Musen großzügig in den Schoß. Im Gegensatz zu dem hohen Niveau, das die bildenden Künste erreichten, waren herausragende Ergebnisse bei Musik und Literatur selten. Den ökonomischen Nährboden aller künstlerischen Leistungen lieferten der Handel sowie die bäuerliche Kultur.

## Frühzeit und Antike

Nur die Reste einer Fliehburg bei Tauberscheckenbach (nördl. von Rothenburg) oder Hüttenfunde im Ries bekunden die frühe keltische Besiedelung der Region. Spuren dieses Volkes, das an ein Weiterleben nach dem Tod glaubte und seinen Verstorbenen daher Naturalien wie Schweinshaxen ins Grab legte, sind u. a. in Flußnamen wie Lech („Ufer") oder Tauber („Quelle") präsent und in den Vitrinen der Museen zu entdecken. Sein Geschick im Umgang mit Metallen zeigen Gebrauchsgegenstände und Waffen. Die Frauen trugen Schmuck aus Glas, Gold oder Bronze und flochten sich Golddrähte ins Haar. Keltische Symbole wie das Sonnenrad, Flechtornamente oder die Darstellung von bestimmten Tieren, die als Begleiter der Götter galten, finden sich später in der romanischen Ornamentik wieder.

Wenngleich sich der eine oder andere Römer sein Landgut in Rätien erbaute, trieben die luxusliebenden Südländer im bayerischen Raum bis zum Limes keinen großen Aufwand. Die Verteidigung des ersten Flechtwerkzauns und später des Grenzwalls gegen germanische Eindringlinge erlaubte keinen Müßiggang. Die Architektur der Heerlager und Kastelle war nüchtern, und was die Völkerwanderung nicht zerstört hatte, trugen die Bauern bis ins 19. Jh. hinein zum Hausbau davon.

## Romanik und Gotik

Die Unruhe der Völkerwanderungszeit erstickte die künstlerische Energie. Erst nachdem die irischen Missionare am Main das Christentum verbreitet und die fränkischen Könige im 8. Jh. politisch stabile Verhältnisse geschaffen hatten, nahmen die Künste einen neu-

### Mittelalterliches Judentum

Wechselgeschäfte zu tätigen, ziemte sich nicht für einen rechten Christen, hatte doch schon Jesus die Händler aus dem Tempel in Jerusalem geworfen. Außerdem drohten harte Strafen, sollte man sich erdreisten, für Kredite Zinsen zu verlangen. Früh waren daher die Juden in die Geldwirtschaft eingestiegen und hatten mit Bürgern wie Kaisern mit Gewinn über die Landesgrenzen hinaus Geschäfte betrieben. Internationale Verbindungen besaß auch die große Gemeinde von Würzburg. Zwischen 1147 und 1349 trug sie ganz wesentlich zum Wohlstand der Stadt bei, wie u. a. die Grabsteine des seinerzeit größten jüdischen Friedhofs belegen.

Gerade ihr Finanzgeschick gewann den Vorgängern der Rothschilds bei den Christen jedoch wenig Sympathien. In der Bischofsstadt am Main wurden sie nach Ausbruch der Pest als Brunnenvergifter verleumdet und 1349 vertrieben. Das Ghetto wurde niedergebrannt, nahe der zerstörten Synagoge eine Marienkapelle als Symbol der christlichen

nenswerten Aufschwung. Noch vor der Jahrtausendwende entstanden die ersten Kirchenbauten als Wegbereiter der trutzigen romanischen Dome. Auf ihren Pfeilern lastete das Gewicht des Dachstuhls und der massiven Wände. Reliefdarstellungen biblischer Gestalten an den Kapitellen machten die jungen Gemeinden mit der christlichen Lehre vertraut und gemahnten sie an die Gefahr des Bösen. Aus dem 10. Jh. stammen die schönen Fresken in der Klosterkirche St. Mang in Füssen, die an den Stil der mittelalterlichen Buchmalerei erinnern. Eine unverfälschte romanische Baugestalt weisen nur zwei Kapellen östlich von Lauda und St. Michael im Allgäuer Altenstadt auf. Zahlreiche Gotteshäuser desselben Stils mußten Modernisierungen über sich ergehen lassen.

*Romanisches Kapitell, Altenstadt*

*Die Synagoge in Ansbach*

Bürgerstadt errichtet. In Fuggerschen Chroniken ist nachzulesen, daß Hans Fugger 1397 sein erstes Augsburger Stadthaus aufgrund der Nähe zum „Judenberg" preisgünstig erwerben konnte und der Wert mit dem nächsten Pogrom spürbar stieg. Ob der Handelsherr – wie seinerzeit üblich – von seiten der Stadt mit „herrenlosem" jüdischem Besitz bedacht wurde, ist nicht bekannt. In Würzburg kehrten die Juden Mitte des 15. Jhs. in die Stadt und in das Geschäfts- und Kulturleben zurück. Rücksichtlos ließ Fürstbischof Julius Echter, ein eiserner Verfechter der Gegenreformation, 1576 das jüdische Gräberfeld einebnen und auf dem Gelände das nach ihm benannte Spital (s. S. 34) erbauen.

Mancherorts war es Juden lange verboten, innerhalb der Stadtmauern zu leben. Lediglich bis sechs Uhr abends durften sie sich dort aufhalten. Ackerbau war ihnen einzig in Ausnahmefällen erlaubt, und dann nur, so er nicht zu ihrem Hauptbroterwerb diente. Die mittelalterliche Ordnung der – ausnahmslos christlichen – Zunftverbände untersagte den Juden die Betätigung im Handwerk. Allein der Handel wurde ihnen zugestanden. Die Landjuden siedelten sich daraufhin meist in Vororten der Städte an, um die Märkte morgens schnell erreichen zu können. Manche wandten sich dem Vieh- und Pferdehandel zu.

Ein interessantes Beispiel ist das zwischen Feuchtwangen und Dinkelsbühl gelegene *Schopfloch.* Die Mehrzahl seiner Einwohner, von denen im 16. Jh. ein Drittel Juden waren, verdingte sich als Hausierer oder Maurer und verbrachte den größten Teil des Jahres auf Wanderschaft. Damit erklären Historiker das Entstehen des *Lachoudischen,* der Schopflocher Geheimsprache, die in der Fremde oder beim Handel eine Verständigung unter Eingeweihten ermöglichte. Die Bedeutung des jüdischen Einflusses spiegeln hier die vielen Wortelemente aus dem Hebräischen: In Entrüstung über die Unverschämtheiten der Partner führten die Schopflocher schon lange vor den Börsenmaklern die *chuzpe* im Munde.

Die Gotik ließ in einer zuvor nicht gekannten Weise Licht durch die Kirchen fluten und versetzte die Skulptur in Bewegung. Das erstarkte Bürgertum finanzierte die kirchlichen Versammlungsräume. Stifter und Künstler blieben nicht anonym, und aus Gemälden und Skulpturen spricht tief empfundenes Leid. Exemplarisch für diese Entwicklung war Tilman Riemenschneider.

## Renaissance

Die nach Italien orientierten Augsburger Handelsherren waren bereits vom Geist der Renaissance erfüllt, als am Main noch die Spätgotik ihre Spitztürmchen mit Rankenwerk umspann. In Deutschland wurden erstmals in der Fugger-Kapelle von St. Anna in Augsburg (1509–1518) die Gestaltungsprinzipien des neuen Stils umgesetzt. In noch stärkerem Maße als in der Gotik spiegelt sich das Selbstbewußtsein des Bürgertums in Kunst und Architektur. Unter den Rathäusern ist der Augsburger Elias-Holl-Bau sicherlich eines der schönsten Beispiele hierfür. Stadtpaläste und Nutzbauten wie Lagerhäuser säumten mit edlen Putzfassaden und Volutengiebeln die breiten Straßenmärkte. Das Stapelrecht der Reichsstädte, d. h. die Pflicht der durchreisenden Händler, dort ihre Waren auch zum Verkauf anzubieten, bedeutete Bares: Waren mußten gelagert, Menschen und Pferde über Nacht versorgt werden. Schon damals war nichts umsonst.

Der Humanismus sowie technische Erfindungen und die Erkundung neuer Länder und Erdteile wie die Entdeckung Amerikas 1492 veränderten das alte Weltbild. Der neue Mensch war ein selbstbewußter Individualist, der sich – die entsprechenden Mittel vorausgesetzt – von bekannten Künstlern porträtieren ließ. So saßen z. B. die Fugger bei Albrecht Dürer und Giovanni Bellini Modell. Vater und Sohn Hans Holbein aus Augsburg machten gleichfalls als Porträtmaler Karriere, der Jüngere (um 1498–1543) schließlich am englischen Hof in London.

## Barock und Rokoko

In der zweiten Hälfte des 17. Jhs., als Deutschland allmählich das Trauma des Dreißigjährigen Krieges (1618–1648) überwand, suchten die in der Gegenreformation neu erstarkende Macht der Kirche und der absolutistische Herrschaftsgedanke künstlerischen Ausdruck. Der schwelgerische Barock wurde zum neuen Lebensgefühl. Malerei und Skulptur ordneten sich der verschwenderisch raumgreifenden Architektur unter. Einer Fata Morgana gleich gaukeln Gemälde auf flachen Kirchen- und Saaldecken dem Betrachter himmlische Firmamente vor. Noch symbolisierte die Bausymmetrie eine geistige Ordnung, die die Werke von Balthasar Neumann (1687–1753) vollendet wiedergeben. In der Würzburger Residenz gelang ihm zusammen mit dem Freskomeister Giovanni Battista Tiepolo (1696–1770) aus Venedig ein Gesamtkunstwerk von Weltrang (s. S. 36).

In südlichen bayerischen Gefilden entstanden unter dem Einfluß Italiens und des französischen Rokoko Bauwerke von heiterer Leichtigkeit. Dekorformen wie die aus dem Vorbild der Perle entwickelte Rocaille verloren ihre Symmetrie, und die bereits vom Barock favorisierte optische Täuschung wurde im Rokoko Programm. Vergebens sucht man oft den Übergang zwischen Stuck und Gemälde, wenn Putti scharenweise aus den Himmelsräumen herabschweben. Vergleichbar mit den Handwerkergruppen der mittelalterlichen Bauhütten arbeiteten nun Familien mit Malern, Stukkateuren und Architekten im Team an Kirchen und Palästen.

Bemerkenswert viele Meister stammten aus Wessobrunn im Pfaffenwinkel, wie die Brüder Dominikus (1685–1766) und Johann Baptist Zimmermann (1680 bis 1758), oder aus dem Kreis um Johann Georg Bergmüller, der ab 1730 der Kunstakademie in Augsburg vorstand. Selbst bei Dorfkirchen des Südens liegt man selten falsch, tippt man auf die Namen Schmuzer oder Feichtmayr.

## Bildschnitzer im öffentlichen Dienst

... und später Häftling im fürstbischöflichen Verlies, so könnte man einen Lebensabschnitt Tilman Riemenschneiders (um 1460-1531) zusammenfassen. Der spätere Würzburger Bürgermeister kam nach seinen Lehrjahren (vermutlich in Osterode/Harz) erstmals 1478/79 an den Main, zog aber weiter nach Ulm und an den Niederrhein, wo er die Werke von Jörg Syrlin d. Ä., Martin Schongauer und Nicolaus Gerhaert kennenlernte. Es war für den jungen Bildhauer eine Begegnung mit einem neuen künstlerischen Realismus, der den Figuren der religiösen Bilderwelt zunehmend individuelle Züge und starken emotionalen Ausdruck verlieh und damit den Bezug zum Betrachter verstärkte. Riemenschneiders Skulpturen agierten erstmals in einem neuen Raumgefüge, Holz gewann unter seinem Stichel eine zarte, aber auch dramatische Qualität, wie sie die Altäre in Creglingen oder der Rothenburger Jakobskirche (s. S. 70 und 44) nicht eindrucksvoller vermitteln könnten: Die Detailgenauigkeit des Künstlers ließ jede Bemalung überflüssig werden.

Riemenschneider war 1483 nach Würzburg zurückgekehrt und dort zunächst in die Malerzunft eingetreten. Zwei Jahre darauf erwarb er durch Heirat mit einer ortsansässigen Goldschmiedswitwe die Bürgerrechte – unabdingbar zur Eröffnung einer eigenen Werkstatt.

Die meisterhafte Ausführung seines ersten Großauftrags 1492, eines Altars für die Pfarrkirche in Münnerstadt, ließ aufhorchen. 1493 bestellte der Rat der Würzburger Bürgerschaft die Skulpturen „Adam" und „Eva" für die Marienkapelle, und allein aus Rothenburg sind Verträge für vier Altäre urkundlich bezeugt. Die Wertschätzung des Bildhauers demonstrieren nicht zuletzt seine Berufung zum Ratsherrn (1504) und die Wahl zum Bürgermeister (1520/21). Daß er mit seinen Ratskollegen Partei für die aufständischen Bauern bezog, brachte ihm Kerkerhaft auf der Festung ein, deren geistliche Herren im Bauernkrieg 1525 den Sieg davontrugen. 1526 vollendete Riemenschneider ein Steinrelief der „Beweinung Christi" für die Pfarrkirche von Maidbronn (mit einem Selbstporträt unter dem Kreuz). Es stellt seine Meisterschaft auch im Umgang mit hartem Stein unter Beweis. Nach diesem letzten Auftrag wurde es still um den Altbürgermeister, der fünf Jahre später vereinsamt am Tag des Kilianifestes in Würzburg starb.

## 19. und 20. Jahrhundert

Die Industrialisierung stellte die Architektur im 19. Jh. vor neue Aufgaben: Fabrikbauten. Hatte der Steinbau der Schüleschen Kattunfabrik (Augsburg, 1772), einer Ikone der frühen Industriearchitektur, noch die barocke Formensprache zitiert, so wagten es nun die Baumeister, Gußeisen- oder Stahlteile als tragende Elemente einzusetzen.

Im damaligen Augsburger Vorort Göggingen finanzierte der erfolgreiche J. Friedrich Hessing für seine „orthopädische Heilanstalt" den Bau eines heute wieder bespielten Kurhaustheaters mit

*Die Spitalkirche in Füssen*

550 Plätzen. Fast alle Eisenteile im Innenraum waren Katalogware einer Stuttgarter Firma, die Bemalung legten die Dekorationsmaler individuell fest.

Der *Historismus* versank in einem oft schwülstigen Stilpotpourri, wie es für den frühen *Jugendstil* noch charakteristisch war. Erst als die Linien der Natur mit Schwung die Fassadengestaltung übernahmen und noch das letzte Küchenutensil umformten, entstanden bahnbrechende ästhetische Konzepte. Beispiele hierfür sind die Ernst-Reuter-Vorstadt in Ansbach oder die Hafenlager in Würzburg (Umbau zum Kulturzentrum geplant). Unter den religiösen Bauten des Jugendstils sind die Augsburger Herz-Jesu-Kirche (1910; Pferseer Str.) und die Synagoge (s. S. 56) wahre Glanzlichter, während der „Glaspalast" 1910 den Schlußakkord der Profanbauten bildete. Der ausladende Stahlskelettbau der Baumwollspinnerei und Weberei (O.-Lindenmeyer-Straße) war der letzte Fabrikpalast der Textilstadt; heute wartet er auf seine Umwidmung zum Wohn- und Gewerbekomplex. Die Kunst der Gegenwart ist in privaten Galerien oder Museen der Moderne beheimatet. Nur wenigen Künstlern der Region sind eigene Museen gewidmet, so dem 1919 in Augsburg geborenen Surrealisten Wolfgang Lettl (Lettl-Atrium, Stettenstr. 1–3, IHK, Augsburg). Die frühen Porträts oder Landschaften von Oswald Malura (geb. 1906) waren impressionistisch geprägt, während er in seinem Spätwerk abstrakte Kompositionen malte (s. S. 90).

### Literatur

Nach den vielversprechenden Anfängen im Mittelalter, mit Wolfram von Eschenbach, der am staufischen Königshof dichtete (s. S. 75), oder Walther von der Vogelweide, schrieb sich bis zum 20. Jh. kein Literat aus der ansonsten kulturell blühenden Region der Romantischen Straße auf die Weltbühne – bis der Augsburger Bertolt Brecht

## Feste und Veranstaltungen

**Februar:** Fasnachtstreiben/-umzüge am Faschingssonntag und -dienstag in vielen Orten. Traditionelles Gebäck sind in dieser Zeit die *Faschingskrapfen.*

**Ostern:** *Augsburg* – Plärrer (2 Wochen Volksfest beginnend am Ostermontag); Osterdult (Jahrmarkt).

**Mai:** *Dettelbach* – Altstadtweinfest. *Röttingen* – Weinwochen. *Nördlingen* – Stabenfest. *Augsburg* – Deutsches Mozartfest (in ungeraden Jahren).

**Pfingsten:** *Rothenburg* – Pfingstfestspiele (3 Tage). Die Stadt schlüpft in mittelalterliche Gewänder: Aufführungen von Meistertrunk, Schäfertanz und Hans-Sachs-Spielen, Gauklertruppen und Spielmannszüge beleben die Gassen; Feldlager vor der Stadtmauer.

**Juni:** *Würzburg* – Mozartfest in Residenz und Hofgarten; Hofweinfest im Bürgerspital. *Bad Mergentheim* – Stadtfest. *Augsburg* – Musikaufführungen in der Freilichtbühne am Roten Tor; Histor. Bürgerfest (Juni/Juli, alle 3 Jahre; nächstes Mal 1997); im Wechsel Brunnenfest.

**Juli:** *Würzburg* – Hofgartenweinfest der Staatl. Hofkellerei. *Röttingen* – Festspiele in der Burg Brattenstein (bis Ende Aug.). *Feuchtwangen* – Kreuzgangspiele. *Ansbach* – Rokokofestspiele; Bachwoche (alle 2 Jahre, 1997). *Dinkelsbühl* – Kinderzech' (s. S. 53). *Donauwörth* – Schwäbischwerder Kindertag (1. So.; u. a. Umzug in historischen Kostümen). *Augsburg* – La Piazza (Straßen-/Zeltfestival). *Landsberg* – Ruethenfest (Kinderfest, Umzüge etc. in alten Kostümen, alle 4 Jahre, 1999). *Steingaden* – Ulrichsprozession (Trachten-, Reiterprozession am So. nach dem 4. Juli).

**August:** *Volkach* – Fränkisches Weinfest. *Augsburg* – Friedensfest am 8. (gesetzli-

(1898–1956) auf den Plan trat. Er entstammte einem wohlhabenden protestantischen Elternhaus, entfloh jedoch früh der provinziellen Enge der Lechstadt durch einen Umzug nach München und später nach Berlin. Seine bedeutendste literarische Leistung wurde die Begründung des „epischen Theaters", das den politischen und gesellschaftlichen Erziehungsauftrag der Kunst in den Vordergrund stellte.

Das komödiantische Element hatte er nach eigener Aussage auf dem Augsburger Plärrer, „einem Schaubudenjahrmarkt… mit der Musik vieler Karusselle und Panoramen" entdeckt. Dieser wird in der Erzählung „Der Augsburger Kreidekreis" (1949) ebenso erwähnt wie der Goldene Saal des Rathauses. Interessant an diesem Werk ist der Zeithintergrund des Dreißigjährigen Krieges mit der für Augsburg typischen Konstellation einer in ihrer Religion gespaltenen Bevölkerung und der Kluft zwischen Patriziern und Bauern.

*Bertolt Brecht wuchs in einer Augsburger Fabriksiedlung auf*

*Pfingstfestspiele in Rothenburg*

cher Feiertag); Herbstplärrer (Volksfest). *Vilgertshofen* – „Stumme Prozession" (So nach dem 15.; u. a. Darstellung biblischer Szenen in Gewändern von 1877).

**September:** *Würzburg* – Winzerfest (Ende Sept.). *Rothenburg* – Reichsstadttage mit Stadtbefeuerung. *Dinkelsbühl* – Stadtfest. *Nördlingen* – Histor. Stadtmauerfest (alle 3 Jahre, 1999). *Augsburg* – Mozartsommer mit Konzerten im Rokokofestsaal des Schaezlerpalais; Turamichele (am 29.; s. S. 57). *Hohenpeißenberg* – Trachtenwallfahrt (2. So). *Allgäu* – Viehscheid, Almabtrieb von den Sommerbergweiden, viele Kühe sind prächtig geschmückt.

**Oktober:** *Röttingen* – Bremserfest (Bremser heißt der junge Wein). *Dinkelsbühl* – Fischernte (Abfischen der Teiche). *Augsburg* – Michaeli-Dult (Jahr- und Trödelmarkt). *Wildsteig* – Leonhardi-Ritt (So vor oder nach dem 20.). *Schwangau* – Colomansfest (2. So; festlicher Ritt zur Kirche St. Coloman).

**November:** *Würzburg* – Bachtage.

**Dezember:** Weihnachtsmärkte in *Würzburg, Kitzingen, Rothenburg* (Reiterlesmarkt), *Feuchtwangen, Nördlingen* und *Augsburg* (Christkindlesmarkt vor dem Rathaus, seit 1653).

**Zu verschiedenen Terminen** im Jahr werden in *Rothenburg* die historischen Spiele des Meistertrunks und des Schäfertanzes sowie die Hans-Sachs-Spiele aufgeführt.

Im Barockschlößchen *Leitheim* (bei Donauwörth, s. S. 84) treten von Juni bis September hochrangige Interpreten der alten und neuen Musik auf. Sehr stimmungsvoll sind Lesungen oder Kunstausstellungen mit musikalischer Untermalung.

# Blaue Zipfel und Datschi

Was den Südbayern die Weißwurst, ist den Franken die fein gewürzte Schweinsbratwurst aus der Pfanne, vom Rost oder eben als *blauer (saurer) Zipfel,* sprich im warmen Estragonessigsud mit Zwiebelringen und etwas Wurzelgemüse gegart. Als geräucherte *Schlotengel* nahmen sie schon früher die Winzern in den Weinberg mit. An Feiertagen gab's – nicht nur für die Fuhrleute – in Würzburg den *Kärrnerbraten.* Dafür wird ein Stück Rinderbrust mit Bratwurstfülle „ausgestopft" und etwa zwei Stunden geschmort. Nicht ganz so lang brutzelt der klassische *Schweinsbraten,* manchmal serviert mit einer Biersoße, denn nicht nur Bayerns Süden ist stolz auf seine Brautradition. Der *Tafelspitz* (vom Rind) steht auf vielen Speisekarten, meist serviert mit „Kren" (sprich: kreh; Meerrettich). Oder wie wär's mit einem knusprigen fränkischen *Gickerla,* innen fein aromatisiert mit Salbei und Petersilie? Es kann sich sicher mit dem *Brathendl* in einem oberbayerischen Biergarten messen.

Aus hauseigener Schlachtung stammen häufig *Metzelsuppe* und *Schlachtplatte* mit Blut- und Leberwürsten, Bauchfleisch, Kartoffeln und Sauerkraut. Die verführerisch klingenden *Schnickerla* sind aber vielleicht nicht jedermanns Geschmack, obwohl die neue Küche die in Wein gedünsteten Kutteln allenthalben wiederentdeckt.

Über Gemüseeinerlei kann man sich in Franken, wo das milde Klima empfindliche Rebgewächse gedeihen läßt, beileibe nicht beklagen. Volkach ist bekannt für ausgezeichneten *Spargel,* ebenso Schrobenhausen (südöstlich von Donauwörth). Die zweite kulinarische Offenbarung des Frühjahrs: *Bärlauch* – in einer cremigen Suppe oder feingeschnitten einem leichten Spätzleteig untergehoben und in Salzwasser gegart.

Auch Vegetarier kommen auf ihre Kosten. So ißt man in Franken z. B. gerne *Hefeklöß'* mit Bohnengemüse und Kraut, ganz zu schweigen von den köstlichen Salaten und frischen Kräutern. Mehl- und Hefeklöße werden allerorten gekocht und gebacken. Die Dampfnudel mit Kompott oder der salzigen *Schleifersbrüh* blieb hingegen recht bodenständig schwäbisch.

Kleine Spätzle in der Suppe nennen die Mainanrainer *Riebele* (von reiben), und *Schwimmerle* die in der Pfanne gebackenen. Die alemannischen Nachfahren bereiteten aus denselben Zutaten ein sättigendes Hauptgericht mit viel gerösteten Zwiebeln und zerlau-

## Warum „Bocksbeutel"?

Fürstbischof Julius Echter suchte nach einer markanten Flaschenform für die hauseigenen Edeltropfen, und die Spessart-Glasbläser (er)fanden – nach dem erotischen Vorbild der Natur – den Bocksbeutel. Die ursprünglich recht bauchigen und unterschiedlich proportionierten Behältnisse erhielten später für die industrielle Fertigung eine einheitliche abgeflachte Form. Die Qualität des Inhalts garantiert mittlerweile ein Weingesetz: Nur Weine ab 70° Öchsle Mostgewicht (fast schon Kabinett-Qualität) dürfen in Bocksbeuteln abgefüllt werden.

Die fränkischen Wurzeln des Weinbaus werden urkundlich erstmals 777 für Hammelburg an der Fränkischen Saale belegt, und zwar in einem Schenkungsdokument Karls des Großen für die Abtei Fulda. Über Jahrhunderte blieb der Weinbau eine Domäne der Mönche, der vergorene Rebensaft diente als Meßwein. Im 17. Jh. betrug die Rebfläche in Franken 40 000 ha, heute sind es nur

fendem Allgäuer oder Schweizer Käse. Denn: Erst mit dicken Fäden munden die *Kässpatzn* so recht.

Mit den *Augsburger Schnecken* macht man in der Lechstadt den fränkischen Bratwürsten Konkurrenz, den *Datschi* konnte man in der heimischen Variante für sich behalten. In seiner klassischen Form wird der dünne Hefeteigblechkuchen mit Zwetschgen belegt, vor allem aber darf die Zucker-Zimt-Mischung als Krönung nicht fehlen. Je nach Jahreszeit ist auch die Apfelvariante sehr zu empfehlen.

Zu Wein oder Bier ist am Main wie am Lech der angemachte Camembert beliebt, nur wird die Mischung aus reifem Käse, Butter, feingehackten Zwiebeln und etwas Paprika vom *Gerupften* südlich des Weißwurstäquators zum schwer aussprechbaren *O'bazd'n*.

noch 6000 ha! Auch der Geschmack hat sich verändert. Zu Goethes Zeiten schätzte man lange gereifte Weine, deren geringer Säuregehalt sie sehr bekömmlich machte. Die nach modernen Methoden ausgebauten trockenen Sorten entfalten bereits nach kurzer Lagerung ihren Charakter.

In Franken, nahe dem 50. Breitengrad und damit an der Nordgrenze des Weinbaus, beeinflußt weit mehr als in südlichen Regionen die Arbeit des Winzers die Qualität der Trauben. Nach Jahren großflächiger Flurbereinigung wird nun umweltschonend kultiviert, und statt unrentabler Stummelzeilen werden Obstbäume und Schlehen (für Edelbrände) gesetzt. Ackerstiefmütterchen, Ehrenpreis, Weinbergtulpen, Milchsterne und andere Pflanzen erleben eine Renaissance als Bodenverbesserer. Mäusen und Kaninchen versucht man mit Anflugstellen für Greifvögel Paroli zu bieten, und auch die Bekämpfung von Schädlingen wie dem Traubenwickler erfolgt weitgehend biologisch.

Beim Studium der Etiketten mag erstaunen, daß vielfach Bezeichnungen wie „Muschelkalk" (vorwiegend für Lagen in Würzburg und im Maindreieck), „Buntsandstein" (Richtung Aschaffenburg), „Keuper" (Steigerwald) oder „Urgestein" zu lesen sind. Der Kenner kann so ein Geschmacksbild der einzelnen Rebsorten ableiten, denn der auf Muschelkalk elegante Silvaner entwickelt z. B. auf Buntsandstein eine rassige Note.

Müller-Thurgau gewinnt auf schweren Keuperböden einen markant fruchtigen Charakter, im Muschelkalk dagegen ein dezentes Muskatbukett. Auf den schnell und intensiv Wärme speichernden Böden im Buntsandsteingebiet gedeihen beste Spätburgunder-Qualitäten für leichte Rotweine. Oder steht Ihnen der Sinn nach dem zarten Fruchtbukett einer Riesling-Spätlese aus der ehemals fürstbischöflichen (Muschelkalk-)Lage „Würzburger Innere Leiste"?

# Urlaub aktiv

Neugier ist angebracht. Zwischen Würzburg und Füssen verstecken sich unzählige landschaftliche Schönheiten, die wie Idealbilder romantischer Naturlyrik anmuten. Bei ihrer Entdeckung hat das Auto einmal nicht die Nase vorn: Mit festen Schuhen und Regenschutz im Gepäck kann nichts schiefgehen. Außerdem werden vielerorts Fahrräder und andere Sportgeräte vermietet. Sommerlicher Badespaß ist überall garantiert. Die größeren Gemeinden verfügen über Freischwimmbäder, und auf dem Land liegt meist ein Weiher oder eine renaturierte Kiesgrube am Weg.

### Wanderungen und Lehrpfade

Häufig liegt die Erholung buchstäblich vor den Stadtmauern. Für die Naturparks „Frankenhöhe" südöstlich von Rothenburg und „Augsburg-Westliche Wälder" sind gute touristische Wegekarten erhältlich, ebenso für die Gegend beiderseits des Mains, um Dinkelsbühl sowie für das Voralpenland.

Im Main-Tauber-Gebiet ist der Wein besonders attraktiver Anlaß für einen Spaziergang. Die *Lehrpfade* durch (Museums-)Weinberge bei Kitzingen, Bad Mergentheim (Markelsheim) und Röttingen informieren über Gesteins- und Bodenarten, geeignete Rebsorten und Techniken des Weinbaus.

In den beiden letztgenannten Orten kann man auch Interessantes zum Thema Wald erfahren, und in Röttingen wird das Rad der Geschichte auf dem *Archäologischen Wanderpfad* bis in die Jungsteinzeit vor 5000 Jahren zurückgedreht. Etappen auf den fünf zwischen 7 und 17,5 km langen Touren sind u. a. keltische Grabhügel und eine Viereckschanze.

*Bildstockwanderweg:* s. S. 65 und 68.

### Radfahren und Radwandern

Über 419 km führt der *Radfernwanderweg Romantische Straße* abseits der Hauptstraßen über ruhige Flurwege. Er steigt von knapp 200 auf über 800 m Meereshöhe an und ist gut ausgeschildert. Ein Prospekt der Arbeitsgemeinschaft Romantische Straße (s. S. 95) informiert ausführlich über die einzelnen Etappen mit Entfernungen, Steigungen, Infostellen, Fahrradverleih, Jugendherbergen und Campingplätzen.

Auf der *Touring-Buslinie* (s. S. 24) kann das Fahrrad zum Preis von 10 bis 20 DM mitreisen, wobei beliebig viele Unterbrechungen möglich sind. Anmeldung drei Tage vor Reisebeginn.

Wer nur einzelne Tage Entspannung auf dem Drahtesel sucht, findet überall Möglichkeiten. Die Frankenhöhe erfordert Kondition, doch über die Wege im Tal der Wörnitz und Wieseth kann man auf einem Tagesausflug sogar bis ins idyllische Altmühltal hineinschnuppern (durchgängige Markierung). Forste und offene Wiesengründe locken im Naturpark „Augsburg-Westliche Wälder" oder bei der Fahrt durch den Siebentischwald und weiter lechaufwärts

## Im Wasser liegt die Kraft

Wäre der 1821 in Wörishofen geborene Sebastian Kneipp nicht zufällig als junger Seminarist auf das Buch eines gewissen Dr. Siegmund Hahn gestoßen, wäre sein Name wohl nie bekannt geworden. Mit den damals höchst ungewöhnlichen Methoden des schlesischen Hydrotherapeuten bekämpfte er seine Schwindsucht in den kalten Donaufluten. 1844 war der Webergeselle auf Empfehlung eines Pfarrers, der ihm jahrelang Privatunterricht erteilt hatte, in das Dillinger Gymnasium eingetreten.

Unter dem Eindruck des bemerkenswerten Heilerfolgs des Wassers widmete Kneipp seine Studienzeit indes nicht

bis zur Staustufe 23. Südlich von Landsberg muß man auf den Strecken durch den Pfaffenwinkel schon ein paar Gänge herunterschalten, erst recht in der nur optisch so sanften Hügellandschaft des Allgäus.

Fahrräder vermitteln meist die Unterkünfte oder Privatfirmen (ca. 5–15 DM pro Tag), die auch geführte Touren (teils mit Gepäcktransport) organisieren. Dem touristischen *Kartenmaterial* liegen vielfach amtliche Karten (Maßstab 1:50 000 oder 1:75 000) zugrunde.

ℹ Verkehrsämter der größeren Orte sowie die Regionalverbände, s. S. 95.

*Sebastian Kneipp, der Wasserdoktor aus Bad Wörishofen*

### Reiten

Sich mit einer Pferdestärke entspannen – ein Spaß nicht nur für Kinder. Eine neuere Variante ist das *Wanderreiten*. Viele Reit- und Fahrvereine sowie Höfe haben Aktivitäten zu Pferd im Programm. Für die wahren Pferdenarren, die mit ihrem eigenem Tier Urlaub machen möchten, bietet die Tourist-Information Romantisches Franken (s. S. 95) eine „Wanderkarte" an, auf der mehr als 50 Reitstationen im Raum Rothenburg – Ansbach – Dinkelsbühl

allein der Theologie, sondern erwarb auch umfassende Kenntnisse der Heilpflanzenkunde und erkannte die Bedeutung einer natürlichen Lebensweise.

1855 kehrte er nach Wörishofen zurück, wo der Priester und „Wasserdoktor" sich fortan nicht nur der herben Kritik der Kirchenoberen ausgesetzt sah: Sogar die Medizin zog gegen die „alternativen", allzu simpel erscheinenden Heilmethoden à la Kneipp zu Felde. Sie basieren auf fünf Grundelementen: der Hydrotherapie, der Wirkung pflanzlicher Stoffe, gesunder Ernährung, viel Bewegung und der Ordnungstherapie, die eine Beziehung zwischen psychischem Wohlbefinden und der Gesundung des Körpers herstellt.

Kneipps Erfolge stießen auf internationale Resonanz. In das kleine Wörishofen ratterten die Kutschen des Adels, und der spätere amerikanische Präsident Theodore Roosevelt reiste sogar mit einem Sonderzug an. Auch der Großbankier Rothschild vertauschte zeitweilig sein Pariser Domizil mit dem schwäbischen Marktflecken.

Hundert Jahre nach Kneipps Tod (1897) ist seine Therapie ein in Medizinerkreisen anerkanntes Heilverfahren. Einen kostenlosen Erfrischungstest kann man mit Armbädern bzw. im Storchengang mit aufgekrempelten Hosenbeinen in Wörishofens Kurpark oder im Eichwald „antreten".

eingezeichnet sind. Aufgeführt sind ferner Unterkünfte für Pferd und Reiter. Gute Reitbroschüre auch beim Tourismusverband Bayer. Schwaben, s. S. 95.

### Angeln

Nichts leichter als das: von Aal bis Zander, ob aus Main, Tauber, Lech oder einem Forellenteich. Tageskarten werden ab 8 DM von Fischereiverbänden oder Beauftragten vor Ort ausgegeben.

### Golf

Bernhard Langer schrieb ein wichtiges Kapitel deutscher Golfgeschichte; er begann in den sechziger Jahren als Caddie beim *Golf-Club Augsburg Bobingen-Burgwalden* (18 L., ☎ 0 82 34/ 56 21). Allein in der näheren Umgebung Augsburgs haben sich seither die Spielmöglichkeiten verdreifacht, durch die Golfclubs *Lechfeld Königsbrunn* (☎ 0 82 31/3 26 37) und *Leitershofen* (☎ 08 21/43 72 42; beide 9 Löcher). Ein Schmankerl im Süden ist *The Golfclub Schloß Igling* (9 L., 5 km nordwestl. von Landsberg, ☎ 0 82 48/10 03) rund um eine alte Burg. Die Schloßstuben (($)) bewirten gerne auch Nichtgolfer.

Ein Abstecher von Donauwörth in das hübsche Neuburg läßt sich sportlich abrunden: Im *Wittelsbacher Golfclub Rohrenfeld-Neuburg,* einer der schwierigsten Anlagen Deutschlands, treibt man die Bälle über donaunahes Auengelände, auf dem die Wittelsbacher Pferde züchteten (18 L., ☎ 0 84 31/ 4 41 18; (H) für Golfer und Interessierte, (($))). Der *Golfclub Romantische Straße Dinkelsbühl* bietet ein 9-Loch-Spielvergnügen (☎ 0 98 51/57 56 13) entlang dem Knorrenbachtal. Eine Hohenzollernburg ((H), (($))) als Kulisse hat der *Golfplatz Colmberg* im oberen Altmühltal (Golfclub Ansbach, 9 L., 15 km östl. von Rothenburg, ☎ 0 98 03/6 00).

Tauberabwärts warten die Greens des *Clubs Bad Mergentheim* im Erlenbachtal (9 L., ☎ 0 79 31/75 79), am Main die Anlagen an der Giebelstädter Steige (9 L.) bei *Würzburg.*

# Verkehrsmittel

**Flugzeug:** Wer in Frankfurt/Main oder München landet, nimmt sich am besten einen Mietwagen oder steigt in den Europabus „Romantische Straße“ (s. u.). Ab Nürnberg bleiben Bundesbahn oder Pkw; Anschluß an alle öffentlichen Verkehrsmittel bietet der Augsburger Flugplatz (Taxis in die Innenstadt).

**Bahn:** Würzburg und Augsburg sind Stationen im IC-/ICE-Netz, die anderen größeren Orte erreicht man mit Regionalzügen.

**Bus:** Der Europabus „Romantische Straße“ (Linie EB 190) klappert von 1. April bis 31. Oktober täglich die Strecke zwischen Frankfurt/M./Hbf., Würzburg und Füssen ab (Fahrzeit ca. 13 Std.), Umsteigen in Dinkelsbühl. Von dort fährt auch ein Bus über Augsburg nach München. Mit einem Gesamtticket kann die Fahrt beliebig oft unterbrochen werden. Bahnpässe (nicht BahnCard) werden anerkannt. Im Bus können Erfrischungen gekauft werden.

ℹ Deutsche Touring GmbH,
Am Römerhof 17, 60486 Frankfurt/M.,
☎ (0 69) 7 90 32 81, FAX 7 90 32 19.

Busse der Deutschen Bahn oder städtischer Verkehrsverbände bieten sich für Ausflüge an.

**Auto:** Das Autobahnnetz ermöglicht eine rasche Anreise nach Würzburg oder zu anderen Etappenorten. Um so mehr sollte man sich unterwegs Zeit lassen und genüßlich über die Dörfer bummeln: Der Weg ist das Ziel. *Straßenhilfsdienst* leistet der ADAC, Notruf ☎ 22 22 22.

In *Rothenburg* ruht tagsüber in der Innenstadt der Verkehr, nur gegen Abend darf man mit dem Auto hineinfahren und morgens wieder hinaus. Dafür sind Parkplätze gleich an der Stadtmauer in ausreichender Zahl vorhanden.

# Heu oder Himmelbett

Bei aller Romantik: Den Komfort des 20. Jhs. muß man nirgendwo missen. Zimmer mit Bad oder Dusche/WC sind Standard, auch beim *Urlaub auf dem Bauernhof,* der Familien mit Kindern viel Abwechslung bietet. Immer mehr Bauern vermarkten ihre Produkte direkt, so daß Eier, Gemüse, Obst o. ä. ganz frisch eingekauft werden können. ℹ auch über *Ferienwohnungen* bei den örtlichen Verkehrsämtern bzw. Regionalverbänden, s. S. 95.

Wo modernste Hotelgestaltung zum Zuge kommt oder das historische Ambiente liebevoll konserviert werden konnte und zudem die Gesundheitsmatratze im Himmelbett wohlig entspannt, muß man tiefer in die Tasche greifen (DZ/Frühstück 160–300 DM). Viele traditionelle Gasthäuser oder Hotels bieten aber guten Zimmerkomfort und romantischen Touch zu günstigeren Preisen. Zimmer in Pensionen schlagen für Übernachtung/Frühstück mit 25–40 DM pro Person zu Buche.

Die *Campingplätze* an der Strecke beschreibt eine Broschüre der Touristik-Arbeitsgem. Rom. Straße, s. S. 95.
ℹ *Deutscher Camping-Club e.V.* (DCC), Postfach 40 04 28, 80704 München, ☎ (0 89) 33 40 2.
*ADAC*, Referat Camping, Am Westpark 8, 81373 München, ☎ (0 89) 76 76 62 02, FAX 76 76 28 36.

*Jugendherbergen* besitzen alle größeren Orte entlang der Romantischen Straße mit Ausnahme von Landsberg. Das Haus in Feuchtwangen ist geschlossen.

ℹ Deutsches Jugendherbergswerk, 32754 Detmold, ☎ (0 52 31) 7 40 10, FAX 74 01 49; DJH-Landesverbände Bayern, München, ☎ (0 89) 9 22 09 80, Schwaben, Stuttgart, ☎ 16 68 60.

*Einladung zu fränkischer Küche in Rothenburg*

## Tip

Eine Kuriosität unter den ländlichen Unterkünften sind die *Heuhotels* im Weidenhof, 7,5 km östlich von Creglingen bei Frauental (☎ 0 79 33/3 78, FAX 75 15) oder in Binzwangen, 13 km östlich von Rothenburg (restaurierter Fachwerkbau; ☎ 0 98 03/2 89 oder 2 29, FAX 2 33). Im frisch aufgeschüttelten Heu, auf kühlem Leinen oder im Schlafsack können unkomplizierte Gäste sicherlich angenehme Nächte verbringen. $

# ** Würzburg

## Barockes Amphitheater zu Füßen der Festung

**Daß die „Nachfahren ... darob erfahren mögen, wie sehr unser Franken in diesen Jahren glücklich war", wünschte sich Balthasar Neumann, als er Mitte des 18. Jhs. seine Architektenlaufbahn mit dem Bau der Würzburger Residenz krönte. Der Erfolg ist ihm nicht abzusprechen. Im Auftrag der Fürstbischöfe, doch mit dem Genius eines Stadtbaumeisters gab er Würzburg seine unverwechselbare Silhouette zwischen Käppele, Residenz und Juliusspital: prächtig, herrschaftlich, selbstbewußt. Als heitere fränkische Stadt präsentiert es sich bis heute den Besuchern. Eng sind hier die Fäden edler Kunst, kulinarischen Genusses und städtischer Geschäftigkeit miteinander verwoben: Folgen Sie den Spuren der Vergangenheit und begegnen Sie den Köstlichkeiten der Weinberge und Weinhäuser.**

## Geschichte

Strategische Überlegungen bewegten nicht nur die Kelten zur Anlage einer Fliehburg auf dem Marienberg (um 1000 v. Chr.). Auch die späteren Herren über das Gebiet bezogen Stellung auf der Anhöhe: Germanen, Alemannen (die den Ort Uburzis nannten) und Franken. Seit dem Jahr 650 ist Würzburg als Sitz eines fränkischen Herzogs belegt. 704 wird das Castellum Wirceburg urkundlich erwähnt, zwei Jahre später steht eine erste Kirche auf dem Marienberg. Die irischen Missionare Kilian, Kolonat und Totnan hatten dem Christentum den Weg bereitet und waren 689 den Märtyrertod gestorben. 742 gründete der hl. Bonifatius das Bistum Würzburg, dessen Dom im Beisein Karls des Großen 788 geweiht wurde.

Der Aufstieg der Bischöfe begann 1030, als ihnen die Herrschaft über die königliche Stadt übertragen wurde (s. S. 35). In den folgenden 600 Jahren waren die Kräftepole der Stadt durch den Main getrennt: Die geistlichen Herren verschanzten sich in der trutzigen Festung auf dem Marienberg, rund um den Dom wuchs eine Bürgerstadt heran, die im 13. Jh. erstmals einen Bürgermeister wählte und bereits 35 000 Einwohner zählte. Sie strebte nach der Reichsfreiheit, die ihr König Wenzel der Faule jedoch 1397 nur für kurze Zeit zugestand.

Mit dem Bildhauer Tilman Riemenschneider (s. S. 17) nahm eine der führenden Künstlerpersönlichkeiten der Zeit ein öffentliches Amt wahr. 1525 stand der Ratsherr und Bürgermeister mit den Würzburgern auf der Seite der aufständischen Bauern. Das Scheitern ihrer Rebellion an den Mauern der Festung (nur schwedischen Truppen gelang es im Dreißigjährigen Krieg einmal, die katholische Bastion zu erstürmen) brachte ihm Kerkerhaft ein.

Nachdem die Gründung einer Universität Anfang des 15. Jhs. fehlgeschlagen war, rief Bischof Julius Echter von Mespelbrunn 1582 die „Alma Julia" ins Leben. Der „Abstieg" der Fürstbischöfe in die Stadt 1719 zielte keineswegs auf Volksnähe. Vielmehr entsprach die Festung nicht mehr ihrem Repräsentationsbedürfnis, das sie nun in der Residenz verwirklichten. Gerade ein halbes Jahrhundert konnten die Fürstbischöfe in ihrem neuen Glanz schwelgen. Im Zug der Säkularisierung wurde das Hochstift Würzburg 1802 aufgelöst, 1814 Bayern eingegliedert. Die Hofhaltungen des Großherzogs von Toskana oder des Kronprinzen Ludwig 1815-25 glichen eher flackernden Kerzen als Kronleuchtern. Würzburg besann sich auf seine Bürgerlichkeit, Weinanbau und -handel sowie seine Funktion als Verkehrsknotenpunkt. Im 19. Jh. fielen die Stadtwälle zugunsten von Parkanlagen und Straßen. Wilhelm C. Röntgen entdeckte 1895 an der Universität die später nach ihm benannten Strahlen.

Die Bombennacht des 16. März 1945 verwandelte Würzburg ist ein Ruinenfeld. Ein Wiederaufbau schien kaum möglich. Doch nach wenigen Jahren kehrte Leben in die Stadt zurück. Manches wurde im ursprünglichen Stil wiederhergestellt, an anderer Stelle gewann die Moderne Raum. Heute hat die Hauptstadt des Regierungsbezirks Unterfranken 130 000 Einwohner.

*Die fürstbischöfliche Festung Marienberg hoch über dem Main*

Die Fußgängerstraßen im Zentrum laden ein, das kulturelle Besichtigungsprogramm durch einen Schaufenster oder Marktbummel aufzulockern und hin und wieder den Kopf nach oben zu wenden, um schöne architektonische Details oder eine der vielen Gedenktafeln an den Häusern zu studieren.

*Der Fürstenbau des Juliusspitals*

## Weg 1

### ** Festung Marienberg – * Käppele – St. Burkard

Die hohe Geistlichkeit oben auf dem Marienberg schwang jahrhundertelang den Krummstab buchstäblich über den Köpfen der Würzburger: Die Häuser der Fischer säumten das westliche Mainufer, während am östlichen Handwerker und Kaufleute Quartier bezogen, die vom Warenverkehr zwischen Rhein, Thüringen und Alpen lebten.

1133 hatte ein erster Brückenschlag über eine Furt im Main stattgefunden. Ende des 15. Jhs. wurde die ***Alte Mainbrücke ❶** erneuert und die Holzkonstruktion allmählich durch Stein ersetzt. Das religiöse Figurenprogramm zur Ausschmückung der „Heiligen Straße", wie sie im Volksmund heißt, gaben erst die bischöflichen Auftraggeber des 18. Jhs. den Steinmetzen vor: Maria als Patrona Franconiae, die Missionare Kilian, Totnan und Kolonat, St. Bonifatius, Namensheilige der Stifter sowie Karl der Große (insges. 12 Figuren). Die heutigen Exemplare der schwungvoll bewegten Gestalten von

*Blick von der Alten Mainbrücke auf den Dom*

mehr als doppelter Lebensgröße sind Nachbildungen von Kopien. Zu Beginn dieses Jahrhunderts waren die Originale dem Steinhacker zum Opfer gefallen, als man Material zum Aufschütten des Leistengrundes bei der Festung benötigte. Frühe Stadtansichten zeigen noch die Tortürme an der Alten Mainbrücke. Den stadtseitigen ließ im 18. Jh. Balthasar Neumann abreißen, da die geplante Barockfassade des Domes auch aus der Ferne wirken sollte.

### ** Festung Marienberg

Von der Brücke aus wirkt der gesamte Steinkorpus der Festung ❷ auch in seiner Tiefendimension. Oberhalb des grünen Sockels, der wohlgepflegten Rebsteillagen „Schloßberg", „Innere Leiste" und „Äußere Leiste", zieht er sich weit nach Westen. Dort lagen einst verwundbare Stellen, und dort hatte man sich durch mehrfachen Bering zu schützen gesucht. Wer mit dem Auto (ab Friedensbrücke) oder Bus (Linie 9) kommt, passiert meterdicke Mauern. Noch eindrucksvoller ist der Spazierweg (ca. 25 Min.), auf dem man sich wie ein mittelalterlicher Feind nähert.

Die Anlage der äußeren Bastionen (Mitte 17. Jh.) geht vor allem auf Fürstbischof Johann Philipp von Schönborn zurück, nach dem das mächtigste Tor benannt ist. Damit die Angreifer nicht geradewegs hindurchschießen konnten, macht die tunnelartige Durchfahrt sogar einen Bogen zum **Greiffenclau-Hof** (A). Ihn umschließen der *Kommandantenbau* (rechts), das riesige barocke *Zeughaus* (Anfang 18. Jh.) nach Südwesten hin und die *Echter-Bastei* (s. u.). In den beiden letztgenannten Gebäuden haben seit 1947 die Schätze des **** Mainfränkischen Museums** eine adäquate Ausstellungsfläche: Ton-, Glas- und Keramikgefäße aus der Frühzeit der Besiedelung ebenso wie Fayencen des Barock und Rokoko, goldschimmernde Tafelmalerei aus fränkischen Kirchen, schwere Bauernmöbel, luxuriöses Inventar der fürstbischöflichen Gemächer, ja sogar eine Rokoko-Apotheke (1760) aus Dettelbach. Zwei Stunden verfliegen hier im Nu.

Ein Höhepunkt ist der Saal mit ** *Werken Tilman Riemenschneiders*, wo seine Gestaltungsprinzipien deutlich werden. Er modellierte in Holz oder Stein weiche und dennoch markante Gesichter, die Haarlocken sind voller Spannung, die Falten der Gewänder in dynamischer Bewegung festgehalten. In eher lockeren Posen präsentieren sich dagegen die Tonmodelle (sog. *Bozetti*) der Sandsteinfiguren von Johann Peter Wagner (1730–1809) für den Kreuzweg zum *Käppele* (s. S. 30) und den Hofgarten in Veitshöchheim (s. S. 40). Originale aus dem barocken Park, wie die tanzenden Putten aus der Werkstatt von Ferdinand Tietz (1708–1777), dem zweiten Veitshöchheim-Meister, erhielten inmitten gärtnerischer Arrangements die richtige barocke Anmutung. Der Geschichte des Weinbaus ist die Kelterhalle gewidmet, in der riesige Weinpressen (ab dem 17. Jh.) sowie Zunftfahnen das Bild dominieren. Eine kleine Erholungspause mit Fernblick bietet sich im kleinen *Biergarten* auf der Nordseite des Greiffenclau-Hofs oder in der *Burggaststätte* (Ⓢ, Mo geschl.) in der inneren Burg (C) an.

Sicherheitsdenken hatte Fürstbischof Julius Echter (1573–1617) veranlaßt, dem ursprünglichen Burgkarree ein weiteres nach Westen vorzusetzten. Nur einem Angriff im Dreißigjährigen Krieg hielt das Michaelstor zur **Echterschen Vorburg** (B) nicht stand. Pferdeställe, Wagenmacher und Schmiede waren einst in den Gebäuden rund um den Hof untergebracht, dessen Zentrum die Pferdeschwemme bildet (1939 rekonstruiert). Hier fällt der Blick auf das **Scherenbergtor** am Rand eines tiefen Burggrabens. Einst nur über eine Zugbrücke erreichbar, ist es Teil der ersten Festungsmauer, die Bischof Otto von Wolfskeel (1333–1345) errichten ließ. Jüngeren Datums ist der Michaels- oder **Kiliansturm** (Ende 15. Jh.) zur Linken mit einer vergoldeten Figur des Märtyrers über der zierlichen Laterne.

Er wird noch überragt von dem knapp 40 m hohen **Bergfried** im Zentrum der **Inneren Burg** (C), einem Bestandteil der ersten Burg, die um 1200 auf dem Marienberg Gestalt annahm. Bis um das Jahr 1600 ein Treppenturm an den Schutz- und Verteidigungsbau (mit Verlies) angefügt wurde, war der Zugang weit über dem Erdboden nur über Leitern möglich und daher für Feinde besonders schwierig.

Der zweite Rundbau, die **Marienkirche** mit der Echterschen Kuppel (ursprünglich mit Schindeln gedeckt), geht auf das Jahr 706 zurück. Der baufreudige Fürstbischof ließ zudem größere Fensteröffnungen in die gut 3,50 m dicken Mauern der frühromanischen Rotunde hauen und den rechteckigen Chor ansetzen. Sein Baumeister Michael Kern

1 Alte Mainbrücke
2 Festung Marienberg
A Greiffenclau-Hof
B Echtersche Vorburg
C Innere Burg
3 Käppele
4 St. Burkard
5 Grafeneckart
6 Dom St. Kilian
7 Neumünster
8 Marienkapelle
9 Augustinerkirche
10 Juliusspital
11 Alter Kranen
12 Stiftskirche Haug
13 Bürgerspital zum Heiligen Geist
14 Alte Universität

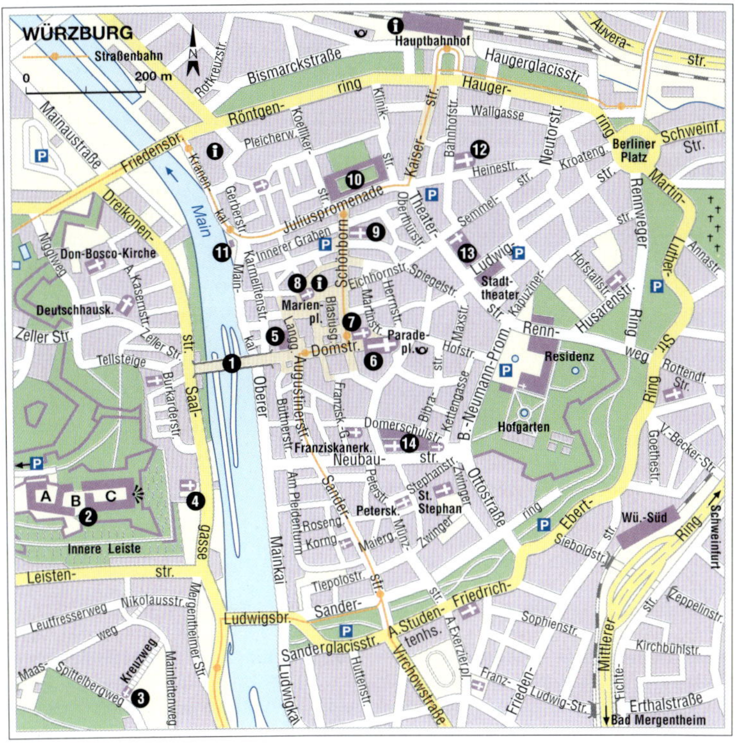

führte das zweigeschossige Portal aus, an dem eine Kartusche ganz unmißverständlich den Auftraggeber ausweist. Aus derselben Zeit stammen die Stukkaturen im Innern – weiß und blau in den Farben Julius Echters. Erst Philipp von Greiffenclau ließ die barocken Altäre in die Nischen einpassen. Wie die Grabplatten im Boden zeigen, ist die Marienkapelle Grablege von 20 Fürstbischöfen, genauer gesagt für deren Eingeweide, denn ihre Körper wurden im Würzburger Dom, ihre Herzen in der Zisterzienserabtei Ebrach (Steigerwald) beigesetzt – um ihren geistlichen und territorialen Machtanspruch auch postum zum Ausdruck zu bringen.

Ein weiteres Werk, das im Auftrag Julius Echters entstand, ist das achteckige **Brunnenhaus** über einem Schacht im Hof. Die Quelle in 105 m Tiefe war die einzige Lebensader der Burg, sobald die Wasserzuleitung im Westen bei Angriffen unterbrochen war. Das Wassertempelchen mit rotem Sandsteindekor wird von Fortuna gekrönt. Die Ähnlichkeit des Wandschmucks mit demjenigen des Nordflügels oder **Fürstenbaus** ist unübersehbar. Zwei Brände in den Jahren 1572 und 1600 hatten Echter Spielraum für bauliche Neuerungen insbesondere in dem der Stadt zugewandten Palast gegeben. Mit einer einheitlichen Firsthöhe der Trakte und dem Bau des nordöstlichen Marienturms als Pendant zum alten Sonnenturm (1308) im Südosten harmonisierte er den Komplex.

Insgesamt blieb im Fürstenbau jedoch die Struktur aus der Zeit des Erbauers Lorenz von Bibra gewahrt – bis in unsere Zeit, in der die repräsentativen Räume als **Fürstenbaumuseum** zugänglich sind. Auf dem Rundgang sieht man u.a. die *Bibratreppe*. Dieses architektonische Schmuckstück aus dem Jahr 1511 windet sich um drei grazile Säulchen, die auf einem Löwen ruhen. Im Verlies des *Sonnenturms* schmachteten die Gefangenen des Bauernkriegs (darunter kein Geringerer als Tilman Riemenschneider), während die oberen Geschosse prächtig ausgemalt wurden. Im Fürstenbau ist ferner die stadtgeschichtliche Abteilung des Mainfränkischen Museums untergebracht. In der Fülle der Exponate ist ein Stadtmodell bemerkenswert, das Würzburg um 1525 zeigt.

Als Drohgebärde gegen die wiederholt aufbegehrenden Bürger waren unterhalb des Fürstenbaus Kanonen auf die Stadt gerichtet. Erst Philipp von Greiffenclau verwandelte den Ort in einen heiteren barocken **Garten,** dessen Ausblick allein die Fahrt zur Festung lohnt.

🕓 Marienfestung tgl. 10–17 Uhr; Fürstengarten bis 16.30 Uhr, Mo bis 15.30 Uhr. Museen April–Sept. 9–17, Okt.–März 10–16 Uhr; Kassenschluß 30 Min. vorher; Mo geschl.
🚌 Mitte April–Okt. Linie 9 alle 30 Min. ab Tourist-Information Hbf.

Ein Spazierweg von etwa 45 Minuten verbindet die Marienfestung mit Frankenwarte und *** Käppele ❸** (vom Mainufer Zufahrt über Nikolausstr.). Da Balthasar Neumann auf dem Nikolausberg wenig Fläche für die Wallfahrtskirche zur Verfügung hatte, betonte er die Vertikale und verließ sich dabei besonders auf die Fernwirkung der kleinen Turmkappen. Neumanns Barockbau (1750 fertiggestellt) verbindet sich harmonisch mit der Gnadenkapelle (1684) zu Ehren eines Pietà-Gemäldes. 1640 war erstmals in Zusammenhang mit dem Bild, das angeblich ein Fischer auf den Berg gebracht hatte, von Wundern berichtet worden. Auch Neumann griff das Marienthema auf und beauftragte Matthäus Günther mit Deckenfresken (1752) zu Ehren der Patronin Frankens. Die lebensfrohe Grundstimmung seines Rokokostils setzt sich in den Stuckarbeiten Franz Xaver Feichtmayrs fort. Materno Bossi allerdings gestaltete den Wandschmuck der Gnadenkapelle (1780) zurückhaltender.

Erst nach dem Tod des Architekten kam der *Kreuzweg* zur Ausführung, der die Pilger durch Anschauungsbilder in eine besinnliche Stimmung versetzen sollte. Für die 15 Stationen meißelte

Peter Wagener dramatische Szenen in Stein, die Modelle dazu stehen im Mainfränkischen Museum (s. S. 28).

Die letzte Station am linken Mainufer ist **St. Burkard ❹**. 1042 weihte man die romanische Kirche eines Benediktinerklosters im Fischerviertel. 450 Jahre später kam das gotische Querhaus hinzu. Bis zur Einwölbung des Chors dauerte es weitere 150 Jahre. St. Andreas, später in St. Burkard umbenannt, birgt einige außergewöhnliche Kunstwerke aus der Riemenschneider-Werkstatt, wie das von der Fischerzunft gestiftete Kreuz im Chor. Vom Künstler selbst stammt die farbig gefaßte Madonna (1490) im Querschiff. Mehr als 700 Jahre überstand „Katharina", Würzburgs älteste Glocke (mit der Form eines Bienenkorbs), im romanischen Nordturm.

*Das Käppele*

## Weg 2

### Durch die Bürgerstadt

Herrschten die Bischöfe auf der Festung, so lag die Schaltzentrale des städtischen Lebens seit 1316 im **Grafeneckart ❺**. Die Bürger hatten damals den romanischen Bau an der Ecke Domstraße/Langgasse, anfangs Sitz des bischöflichen Schultheißen und benannt nach einem Burggrafen Eckart (12. Jh.), erworben. Zug um Zug wurde er verändert und der Turm erhöht. 1453 wurden die erste öffentliche Uhr angebracht und zwei Stockwerke samt einem prächtigen Renaissance-Giebel aufgemauert. Die Stadtoberen mußten Selbstbewußtsein zur Schau stellen; entsprechend prächtig fiel die Buntsandsteinfassade des *Roten Baus* aus (17. Jh.; etwas zurückgesetzt von der Straße). Sein Innenhof ist ein überaus romantischer Platz, in dem wie in anderen Sälen des Grafeneckart der **Ratskeller** ($) – ganz in der Tradition der alten Ratstrinkstube – vorwiegend fränkische Gerichte auftischt. Teil des Rathauses ist seit dem 19. Jh. auch das ehemalige Karmeliterkloster (1712).

*Rund um Würzburg ziehen sich die Weinberge die Hänge hinauf*

*Das Scherenbergtor am Eingang zur Inneren Burg der Festung*

Jenseits des *Vierröhrenbrunnens* (1766; Entwurf Lukas van der Auvera, Skulpturen von Johann Peter Wagner) steht das Haus **Zum Hirschen.** B. Neumann wollte mit diesem Musterhaus (1725) Privatleute zur Nachahmung anregen: Eine wohlgefällige Bauweise ohne Fachwerk bedeutete geringere Brandgefahr und 10 Jahre Steuerbefreiung.

Als Fußgängerzone mit mobilen Ständen gewinnt die *Domstraße* heute wieder Marktcharakter. Die Fuhrwerke von einst ersetzt heute die Straßenbahn. Die mächtige romanische Fassade des **Doms St. Kilian ❻** konnte Neumann nicht mehr barock verändern, und im Inneren des Gebäudes wurden die Anpassungen an den damaligen Zeitgeschmack beim Wiederaufbau nach dem Zweiten Weltkrieg teilweise revidiert.

Funde von Tierknochen unter der Krypta lassen auf ein heidnisches Quellheiligtum an dieser Stelle schließen. In der Krypta selbst findet sich das früheste christliche Zeugnis, das spätkarolingische sog. *Heidenkreuz* (855), vermutlich die Arbeit eines angelsächsischen Künstlers. Brände und Erdbeben zerstörten nicht nur eine Bischofskirche, bevor auf Empfehlung Papst Gregors des Großen der weiträumige 105 m lange Kirchenbau hochgezogen wurde (vornehmlich zwischen 1040 und 1088). Sein Innendekor umfaßt heute Stilelemente verschiedener Epochen. Romanische und gotische Pfeilerfiguren fügen sich in die schlichte Architektur des Langhauses, dessen üppiger Barockstuck von Pietro Magno nach dem Krieg verloren ging. Ein Reisender schrieb Mitte des 19. Jhs.: „So wie wir in den Dom treten, wird das Auge verwundet von der weissen Tünche, die alle Wände und Wölbungen überkleidet, und deren Langweiligkeit noch widerlicher wird durch die Stuccaturarbeiten aus dem achtzehenten Jahrhundert." Sein Auge erfreuten dagegen die meisterlichen *Riemenschneider-Grabplatten* zweier Bischöfe: von Rudolf von Scherenberg (gest. 1495), der das Bistum durch kluge Finanzpolitik sanierte, und Lorenz von Bibra (gest. 1529), der bereits zu Lebzeiten sein Bild für die Nachwelt bestellte (Pfeilerplatten im Mittelschiff links). Chor, Querhaus und die im Norden von Balthasar Neumann angebaute prunkvolle *Schönborn-Kapelle* erhielten bei der Restaurierung ihren verspielten Schmuck zurück. Sehenswert ist auch der Kreuzgang mit den mittelalterlichen Grabplatten.

Falsche Erwartungen weckt die Barockfassade des **Neumünsters ❼** mit den drei Stadtheiligen und dem hl. Burkard gleich nebenan: Dahinter öffnet sich ein deutlich romanischer Raum. Selbst die beschwingten Deckenfresken nehmen ihm nichts von seinem bodenständigen Charakter. Drei Kopien der 1945 verbrannten Riemenschneider-Heiligen ziehen unter der Vierung den Blick auf sich: Kilian, Totnan und Kolonat sollen an dieser Stelle gestorben sein. Zu ihrem Gedenken wurde hier im 8. Jh. der erste Dom errichtet.

Nach einem Brand verlegte Bischof Adalbero den Domstandort und erbaute statt dessen ein Stift. Keimzelle der Kirche ist die *Kiliansgruft* (11./13. Jh.; Zugang unter der Freitreppe) mit den Gebeinen der Märtyrer, zu der jedes Jahr (8. Juli) eine Wallfahrt stattfindet.

Sehr erfreut über das Alterswohnrecht im Stift äußerte sich Walther von der Vogelweide (s. S. 75), der im kleinen ***Kreuzgang,*** vielfach *Lusamgärtchen* genannt (Türe im Nordchor), auch beigesetzt ist. Seine Grabstätte sollte gemäß seinem Willen „Vogels Weide" sein, weshalb kleine Vertiefungen für das Regenwasser in den Gedenkstein gehauen wurden. Zusammen mit dem Ostturm gehören die fein ausgearbeiteten Arkaden zu den schönsten Arbeiten der Romanik in Würzburg.

Der Gastwirt, der Mitte des 18. Jhs. das **Haus zum Falken** so prächtig stukkieren ließ, erhielt tatsächlich die von Neumanns Stadtbaukommission gewährte Steuerfreiheit über 10 Jahre (s. o.). Neben der Stadtbibliothek zog im Erdgeschoß des schönen Bürgerhauses nun das *Verkehrsamt* (ℹ) ein.

Der Kontrast zur gotischen ***Marienkapelle** ❽ ist kaum größer denkbar. Wie früher drängen sich kleine Läden am Sockel der Kirche, an ihrer Süd- und Ostseite breitet sich der bunte Markt aus. Mehrere Jahre wird die Sanierung des filigranen Steinschmucks in Anspruch nehmen. Begonnen wurde der Bau der Marienkapelle 1377. Der Ausbruch der Pest hatte knapp 50 Jahre vorher Anlaß gegeben, die Juden als angebliche Brunnenvergifter aus der Stadt zu vertreiben und nahe ihrer Synagoge eine Bürgerkirche zu bauen. Über dem Westportal wurde das Jüngste Gerichts dargestellt, Mariä Verkündigung sowie die Geburt Christi über dem Nordeingang und die Krönung Mariens an der Marktfassade. Ihr Portal umrahmen Riemenschneiders elegant-selbstbewußte Darstellungen von „Eva" und „Adam" (1493, Originale im Mainfränk. Museum, s. S. 28). Im Innern erinnert eine Tafel an Balthasar Neumann, der hier bestattet liegt – neben fränkischen Adligen wie dem Ritter Konrad von Schaumburg (gest. 1499), bei dessen Grabmal Riemenschneider abermals sein ganzes Können zeigte.

Im Umkreis der Kirche muß man nicht lange nach Gaststätten suchen. Keine 5 Min. Richtung Main lädt das älteste, zu Recht beliebte Weingasthaus *Zum Stachel* (idyllischer Hof; $$) ein, nördlich der Kirche ißt man im *Lämmle* ($$) oder *Maulaffenbäck* ($) echt fränkisch.

Folgt man der Schönbornstraße nach Norden, vorbei an der *Augustinerkirche* ❾ (B. Neumann, 1741), stößt man geradewegs auf die geschlossene Front des **Juliusspitals** ❿. Die Echtersche Stiftung von 1576 zugunsten kranker und alter Menschen verfügte in Form landwirtschaftlicher Güter und Weinberge immer über eine solide finanzielle Basis. So konnte man nach einem Brand A. Petrini 1699 für den **Fürstenbau* verpflichten, heute in zweiter Reihe verborgen hinter Johann Philipp Geigels 90 Jahre jüngerem Trakt unmittelbar an der Straße (insgesamt an die 200 Räume). Besonders sehenswert ist die

*Die Fassade des Neumünsters ähnelt einem Altar*

*Fürstbischof Guttenbergs Wappen im Hof zum Grafeneckart*

*Die Domstraße hat heute wieder Marktcharakter*

alte *Apotheke*. Das *Weingut*, eines der größten in Deutschland, besitzt ausgezeichnete Lagen (ca. 170 ha) und produziert entsprechende Weine. Für die Krönungsfeier der britischen Königin Elizabeth II. hatten die Windsors einen Riesling Auslese, Iphöfer Juliusberg, Jahrgang 1950, gewählt. Die Besucher können die süffigen Tropfen gleich in den rustikalen *Juliusspital-Weinstuben* (in der Ostecke; Ⓢ) zusammen mit allerlei regionalen Gerichten verkosten.

Weinberatung bietet auch das *Haus des Frankenweins* (s. S. 36) im ehemaligen Zollhaus unten am Mainufer beim **Alten Kranen** ⓫ an. Mit seinen beiden Armen war der Kran nach der Konstruktion des Architektensohns Franz Ignaz von Neumann eine technische Novität im ausgehenden 18. Jh.

Vor seinem Auftrag für das Juliusspital hatte sich Antonio Petrini bereits mit der **Stiftskirche Haug** ⓬ (1671–1691) einen Namen gemacht, nachdem das alte Gotteshaus der Hauger Vorstadt (das altdeutsche *houc* bedeutet hoch) 1657 Bastionen gewichen war. Kuppel und Türme dieses ersten Barockbaus in Franken setzen in der Stadtsilhouette bis heute einen markanten Akzent. Im klaren Innenraum, der 1945 ausbrannte, kommt die Dramatik des 9 x 5,50 m großen Tintoretto-Gemäldes der *Kreuzigung* hervorragend zur Geltung.

Die zweite große Stiftung trägt ihre Bestimmung im Namen: das **Bürgerspital zum Heiligen Geist** ⓭. Die Versorgung gebürtiger Würzburger im Alter – derzeit sind es rund 300 – schließt einen täglichen Gratisschoppen Wein ein. Der Rebensaft spielte bei der Stiftung (1319) des wohlhabenden Johannes von Steren von Anbeginn eine Rolle: Dem Pflegehaus für Alte und Kranke gab er 13 Morgen Weinberge hinzu.

Die mehrfach veränderte *Kapelle* (Ecke Theater-/Semmelstr.) von 1371 ist das älteste Element der Anlage. Zu ihrer wertvollen Ausstattung gehören u. a. ein Kruzifix von Riemenschneider und zwei Madonnen (1400; 1730).

Immer gut besucht sind die *Bürgerspital-Gaststuben* (Ⓢ) – einige mit großen Tischen für die gesellige Runde, andere klein und eng in alten Gewölben. Bei schönem Wetter sorgt schon der Platz im Hof mit Blick auf den gelb gestreiften *Roten Bau* für heitere Stimmung. Für Plan und Ausführung (bis 1718) zeichnete der Neumannsche Lehrmeister Müller verantwortlich.

Ein letzter Besichtigungspunkt im Süden der Innenstadt ist die **Alte Universität** ⓮ (auch mit der Residenz kombinierbar). 1582 gründete Julius Echter eine Hochschule. Der aus Ypern in Belgien stammende Georg Robi(j)n konzipierte für das geistige Zentrum der Gegenreformation einen dreiflügeligen Bau, der nach Süden hin von der **Neubaukirche** abgeschlossen wurde. Der Dreißigjährige Krieg unterbrach die Arbeiten, so daß sich zu den spätgotischen Maßwerkfenstern ein Turm im Petrini-Barock gesellte. Roter Sandstein gibt dem ausgewogenen Renaissance-Innenraum – die Emporen waren ebenfalls Petrinis Idee – eine weiche Note (heute ist er ein Konzertraum). Fortgesetzt wird der Gebäudekomplex im Osten durch das Priesterseminar (ehem. Jesuitenkolleg), dessen Trakte sich in der frühklassizistischen *Michaelskirche* (Mitte 18. Jh.) treffen. Genießen Sie von der Neubaustraße aus vor allem einmal den Blick auf die Festung.

## Weg 3

### *** Residenz

Die himmlische Welt ein wenig näher an die irdische heranrücken? Sich sonnen in der Aura des Mäzenatentums? Barocke Gedanken wie diese erschienen Würzburgs Fürstbischöfen keineswegs als Teufelswerk und fanden farbenfrohes Echo im Bildprogramm des Prachtbaus am Ostrand der Altstadt. 1719 verlegte Fürstbischof Johann Philipp Franz von Schönborn seinen Sitz vom Marienberg in die Stadt und beauftragte den jungen Geschützgießer und Architekten Balthasar Neumann (1687–1753) mit der neuen Residenz. Ideen von Künstlern aus Paris, Wien und Italien bereicherten sein Werk zum Ruhm der weltgewandten Schönborns.

1744 war der Rohbau abgeschlossen, doch erst 1753 hatten der Venezianer Giovanni Battista Tiepolo und seine Söhne Domenico und Lorenzo mit dem Stukkateur Antonio Bossi die Ausgestaltung von Kaisersaal und ****Treppenhaus** vollendet. Der räumlichen Inszenierung Neumanns folgend, schickt Tiepolo die Besucher – wer von Rang und Namen war, pflegte im Vestibül mit der Kutsche vorzufahren – auf eine Reise durch die Kulturen der Welt. Zuerst begegnet man dem jungen Kontinent Amerika in Gestalt einer federgekrönten Frau auf einem monströsen Krokodil. Mit den ersten Stufen öffnet sich dann die üppige Wolkenarchitek-

*Marienkapelle, Haus zum Falken*

## Bischofshüte und Fürstenkronen

Residenz und Festung sind Zeugnisse herrschaftlichen Selbstbewußtseins. Aber selten sind sie wie in Würzburg die Zeichen eigenwilliger Herrscher von des Kaisers *und* des Papstes Gnaden. Bereits 1030 waren Zoll-, Münz- und Marktrecht in die Hand des Bischofs übergegangen; 1168 bestätigte Kaiser Friedrich Barbarossa den Mitraträgern die fränkische Herzogswürde. Sie übten ihre Macht wie weltliche Potentaten aus. So standen Würzburgs Juden unter ihrem Schutz – im Handelszentrum am Main waren Geldgeschäfte zentraler Bestandteil des Wirtschaftslebens. Zugleich mußten die aufmüpfigen Bürger stets mit Angriffen der Herren oben auf der Festung rechnen: Die Chronik berichtet unter anderem über eine Kanonade von der Höhe und die Erwiderung durch bergauf gerichtete Steinwurfmaschinen im Jahre 1347. Lange besaßen die bischöflichen Untertanen auch keinen eigenen Kirchensprengel in der Unterstadt, weswegen die Marienkapelle auf dem Marktplatz nie eine „Kirche" wurde.

Die Kunst allerdings förderten die Kirchenmänner in beachtlichem Maße, wenngleich ihre Motivation zeitweilig in höchst irdischer Lust an der Selbstdarstellung bestand. Künstler wie Riemenschneider schufen in ihrem Auftrag bedeutende Grabmäler im Dom, und auf dem Marienberg entstanden Meisterwerke der Renaissance.

Internationale Dimensionen gewann das Unternehmen „Residenz"; der „Bauwurmb" derer von Schönborn war ohnehin notorisch. Fürstbischof Johann Philipp Franz (Reg. 1719–1724), seinem Bruder Friedrich Carl (Reg. 1729–1746) sowie ihren Nachfolgern standen reichlich Mittel zur Verfügung: Einnahmen aus Münz- und Zollrechten sowie Erträge aus dem Weinbau und gnadenlos eingetriebene Steuern füllten die Kasse, um einen Palast zu finanzieren, der in Konkurrenz zu Versailles trat.

tur auf Apoll hin, den Gott der Künste im Strahlenkranz. Beim Zwischenpodest treten die schwarze Dromedarreiterin Afrika zur Rechten und Asien auf dem Elefanten zur Linken ins Bild, am Wendeabsatz Europa, der Kontinent der Künste. Am unteren Bildrand sitzt leger Balthasar Neumann, rechts blickt Antonio Bossi im hellen Mantel dem Betrachter entgegen. Tiepolo (mit brauner Kappe) hat sich zusammen mit seinem Sohn Domenico (mit weißer Perücke) in der linken Ecke porträtiert. Die gesamte Komposition des größten Deckenfreskos der Welt (18 x 30 m) ist auf das Amulett von Fürstbischof Carl Philipp von Greiffenclau ausgerichtet und spiegelt den absolutistischen Herrschaftsgedanken der Bauherren wider.

Welcher Kontrast zum ***Weißen Saal** mit seinem kühlen Bossi-Stuck in goldener Fassung! Farbkleckse bildeten ursprünglich die roten Uniformen der Garde im Vorzimmer des ****Kaisersaals.** Als Hommage an Friedrich I. Barbarossa, der 1156 in Würzburg Beatrix von Burgund ehelichte und 1168 Bischof Herold mit der Herzogswürde belehnte, verknüpft der Deckenspiegel die beiden Themen: Beatrix wird im Wagen Apolls dem Genius des Reiches zugeführt. Kein anderer Raum demonstriert so vollendet das Zusammenspiel der künstlerischen Meisterschaft Bossis und der Tiepolos. Auf einen Blick ist kaum feststellbar, ob das Bein einer Muse am Bildrand bereits plastisch gestaltet oder nur gemalt ist.

Eine überwältigende Pracht entfalten auch die übrigen Räume in der 170-Meter-Zimmerflucht. Das ***Spiegelkabinett** mit der subtilen Hinterglasmalerei stellt eine kunsthandwerkliche Glanzleistung des Wiederaufbaus nach dem Krieg dar, denn von den großen Kunstwerken hatte nur Neumanns freitragend gewölbte Treppenhausdecke den Bombenangriff 1945 überstanden. Als Tiepolo 1750 in Würzburg eintraf, hatten Johann Zick (Fresken) und A. Bossi (Stuck) die Arbeiten am *Gartensaal* abgeschlossen, die ***Hofkirche** (im Südwesten) hingegen wartete noch auf ihre Ausgestaltung – auch durch den Venezianer (Seitenaltäre). Balthasar Neumann verlieh dem Innenraum der Kirche, die sich äußerlich nicht von den übrigen Gebäuden abhebt, mit fünf sich überlagernden Ovalen eine grandiose Leichtigkeit, die Bossis Stukkaturen noch unterstreichen. 🕓 April–Okt. Di–So 9–17, sonst 10–16 Uhr; Hofgarten 7 Uhr bis Einbruch der Dunkelheit.

Als Neumann den Residenzauftrag erhielt, legte man ihm ans Herz, er möge einen „vorzüglichen Weinkeller" nicht vergessen. Und er baute nicht weniger als 891 m² Gewölbe für 700 000 l Wein – sehr zum Wohle des (seit dem 19. Jh.) *Staatlichen Hofkellers.* Sie können im *Rosenbachpalais,* Residenzplatz 3, nicht nur die edlen Tropfen des drittgrößten Weinbaubetriebs in Deutschland aus erster Hand kaufen, sondern in der kerzenbeleuchteten Faß-Unterwelt werden auch regelmäßig Weinproben veranstaltet. ℹ ☎ 3 05 09 23.

## Praktische Hinweise

ℹ Fremdenverkehrsamt im Würzburg-Palais und Fränkisches Weinland (für Ausflugsorte der Umgebung), Am Congress-Zentrum, 97070 Würzburg, ☎ (09 31) 37 33 35, Fax 37 36 52. 🕓 Mo–Do 8.30–17, Fr 8.30–12 Uhr; Tourist-Information, Pavillon vor dem Hauptbahnhof, ☎ 37 34 36. 🕓 Mo–Sa 10–18 Uhr; Haus zum Falken am Markt, ☎ 37 33 98. 🕓 April–Dez. Mo–Fr 10–18, Sa 9–14 Uhr, April–Okt. auch So, Fei 10–14 Uhr. Für Weinfreunde: Haus des Frankenweins, Kranenkai 1, ☎ 57 12 41.

*Stadtrundfahrten:* Von Anfang/Mitte Mai bis Mitte Oktober werktags 14.30 Uhr, So, Fei 10.30 Uhr ab Tourist-Information am Hauptbahnhof.
🚌 Europabus: s. S. 24; guter Linienbusverkehr in die Umgebung.
Zu *Weinfesten* in der Weinschleife fahren Schoppen-Pendler im Stundentakt, ℹ Verkehrsamt und ☎ 32 12 00. Ähnlicher Service zu *Festspielen.*

Veitshöchheim (April–Nov., ab Alter Kranen); Randersacker, Sommerhausen, Ochsenfurt (Sommerfahrten ab Löwenbrücke). ☏ 5 56 33, 5 85 73.

### Hotels

**Dorint-Hotel,** Ludwigstr./Eichstr., ☏ 3 05 40, FAX 3 05 44 23. Freundlich-modernes Haus in idealer Zentrumslage, ruhig. Fahrradverleih. $$
**Rebstock,** Neubaustr. 7, ☏ 3 09 30, FAX 3 09 31 00. Verspielte Rokokofassade, erstklassiger Komfort. $$
**Schloßhotel Steinburg,** Auf dem Steinberg; ☏ 9 30 61, FAX 9 71 21. Gepflegtes historisches Ambiente, herrlicher Stadtblick von der Terrasse. $$
**Regina** (garni), Bahnhofsplatz, ☏ 5 22 25, FAX 5 77 43. Modern. $
**Residence** (garni), Juliuspromenade 1, ☏ 5 35 46, FAX 1 25 97. Gut geführtes Dreisterne-Haus. $
**Zum Winzermännle,** Domstr. 32, ☏ 5 41 56, FAX 5 82 28. Ganz zentral und urig fränkisch. $

### Restaurants

**Zum Stachel,** Gressengasse 1, ☏ 5 27 70. Ehrliche fränkische Küche im ältesten Weinhaus (seit 1413), drinnen und im Hof ursprünglich und gemütlich. Abends unbedingt reservieren; Mo–Sa 11–1 Uhr. $
**Juliusspital-Weinstuben,** Juliuspromenade 19, ☏ 5 40 80. Der Tradition verpflichtet: fränkisch-internationale Küche und ausgewählte Weine aus eigenem Anbau. Mi geschl. $
**Bürgerspital-Weinstuben,** Theaterstr. 19, ☏ 1 38 61. Alte Gewölbe und ein Innenhof garantieren Flair, Wein und Hausmannskost das leibliche Wohl. $
**Babetts Weinstube,** Franziskanerplatz, ☏ 1 23 22. Das Richtige zum „Schöppeln“ (Weintrinken); abends reservieren. Ab 14 Uhr, So, Mo geschl. $
**Zum Maulaffenbäck,** Maulhardgasse 9, ☏ 5 23 51. Sie können Ihre Brotzeit in die urgemütliche kleine Weinwirtschaft mitbringen; zu Bier und Wein wird aber auch fränkische Hausmannskost aufgetischt. $

## Literaturtip

Landschaft und Menschentypen seiner Heimat hat auf sehr lebendige Art der Würzburger Schriftsteller Leonhard Frank (1882–1961) in seine realistischen Romane einbezogen, so in „Die Räuberbande“ (1914) oder „Das Ochsenfurter Männerquartett“ (1927).

*Die Residenz*

*Tilman Riemenschneider am Brunnen vor der Residenz*

# Mainschleife – Weinschleife

## Sommerhausen – Dettelbach – Volkach – Veitshöchheim

**Die Auswahl der Ziele fällt nicht leicht. In dichter Folge reihen sich östlich von Würzburg malerische Fachwerkorte beiderseits des Mains, der sich hier in die Muschelkalkfelsen eingeschliffen hat. Nicht immer war die Weinlandschaft so idyllisch wie heute. Ein (Kirchen-)Fürst suchte dem anderen Territorium abzujagen, Winzer lehnten sich gegen die erpresserische Abgabenpolitik ihrer Grundherren auf. Doch wo der Wein Gewinn brachte, wurden auch Kirchen gebaut und Künstler engagiert. Auf Bummeltour im großen Maindreieck könnte man eine ganze Woche abwechslungsreich verbringen. So läßt sich die Fahrt zu den beschriebenen Orten um die Altstadt von Ochsenfurt, das von einer Ringmauer (16. Jh.) umgebene Frickenhausen, das Deutsche Fasnachtsmuseum in Kitzingens schiefem Falterturm und anderes mehr erweitern. Für Freunde ausgiebiger Weinproben stehen überall auch nette Unterkünfte zur Verfügung. Ab Würzburg verkehren „Schoppenpendler"-Busse zu den Weinfesten.**

Ein kleiner, ansprechender Weinort ist ***Sommerhausen** (1500 Einw.; 13 km südl. v. Würzburg). Schon das nördliche Stadttor birgt einen Superlativ: das *Torturmtheater,* mit ca. 50 Plätzen die kleinste Kammerspielbühne Deutschlands (☎ 2 68). Seit ihr Gründer Luigi Malpiero 1975 starb, hat sie der Schauspieler und Maler Veit Relin als Uraufführungsbühne bekannt gemacht. Die Kunst des Kabaretts pflegt man dagegen im *Bockshorn* (☎ 14 77) wenige Schritte stadteinwärts. Die heitere Atmosphäre und die Fachwerkromantik des Ortes ziehen Bildhauer und Staffeleikünstler an, und so hat die angeschlossene Galerie viel Konkurrenz. Direkt an der Hauptstraße liegen *Rathaus, Schloß* und *evangelische Pfarrkirche.* In seinem Geburtshaus (Plan 4) hält man das Andenken an Franz D. Pastorius in Ehren, der 1683 Germantown, die erste deutsche Siedlung in Amerika, gründete (heute ein Stadtteil von Philadelphia/Pennsylvania). Der jetzige Hausherr Artur Steinmann widmet sich erfolgreich dem Wein. Umweltschonender Anbau und hohe Qualität sind die ersten Ziele des Gutes, wo man sich gerne Zeit für eine persönliche Weinberatung und -probe nimmt (☎ 2 50, FAX 18 55).

ℹ Hauptstr. 15, 97286 Sommerhausen, ☎ (0 93 33) 82 56.
Ⓗ **Gästehaus Mönchshof** (garni), Mönchshof 7, ☎ 7 58, FAX 7 65. Neu, freundlich, familiäre Atmosphäre. $
Ⓗ Ⓡ **Ritter Jörg,** Mainstr. 14, ☎ 12 21, FAX 18 83. Gutbürgerlich, auch die Küche. $$
**Anker,** ☎ 232. Moderne Zimmer, fränkische Gerichte, schattiger Biergarten direkt am Main. $
Ⓡ **Von Dungern,** Hauptstr. 12, ☎ 14 06. Feinste Speisen werden hier in einem alten Patrizierhaus aufgetragen; Mi–Sa ab 19 Uhr. $$$
**Schatztruhe,** Am Kirchplatz. Großmutters Wohnzimmer für Kaffee, Kuchen und Imbiß; Mo–Sa ab 10 Uhr. $$

Ein Spaziergang durch die alten Pflasterstraßen von ***Dettelbach** (6300 Einw.; 18 km östl. v. Würzburg) überrascht mit immer neuen Perspektiven: da ein Türmchen, dort ein Stück der fast vollständig erhaltenen Stadtmauer, außerdem Fachwerk und noble Putzbauten. Im 15./16. Jh. soll der Ort 52 Türme und 5 Tore besessen haben. Von kräftiger Statur ist auch der Turm der *Pfarrkirche St. Augustinus* (15. Jh., neugotisch verändert), den eine Holzbrücke mit einem Treppenturm verbindet. Prächtig wie zu seiner Bauzeit 1484, als Dettelbach zur Stadt erhoben wurde, zeigt sich das spätgotische * *Rathaus.* Es ist zugleich ein Brückenhaus über die Dettel, die unweit davon in den Main mündet. Viele Menschen besuchten den Weinort vor allem als Pilger zu der von Rebhängen umgebenen Kirche * *Maria im Sand.* Michael Kern (s. S. 29) entwarf das Hauptportal des 1610 von Julius Echter finanzierten Neubaus. Die erste Gnadenkapelle (Anfang 16. Jh.) wurde damals zum Chor, im Westen setzte man Quer- und Langhaus an. Vier Altarnischen unter dem – von Antonio Bossi asymmetrisch plazierten – Baldachin mit der Pietà gestatten mehreren Gruppen gleichzeitig die Andacht.

ℹ im Rathaus, 97337 Dettelbach, ☏ (0 93 24) 35 60, FAX 49 81.
Ⓡ Restaurant Weingut **Himmelstoß,** Bamberger Str. 3, ☏ 47 76. Fränkisch inspirierte Gourmetgerichte, serviert in freundlicher Atmosphäre. Die Qualität rechtfertigt die Preise; Mi–So. $$

Auch die Weingemeinde **Volkach** (10 000 Einw.; 15 km nordöstl. von Dettelbach), seit dem 13. Jh. im Besitz des Stadtrechts, demonstriert Wohlstand mit ihrem *Rathaus* (Mitte 16. Jh.), das dem von Dettelbach ähnelt. Wie mancher Weinselige allerdings ins „Narrenhäusle“ unter der Freitreppe kam, mußte er sich gewiß vom Gendarmen erklären lassen. Die spätgotische *Pfarrkirche* konnte im dekorationsfreudigen 18. Jh. nur ihre ursprüngliche Außenansicht bewahren – im Innenraum kam der Barock voll zum Zuge, u. a. durch Peter Wagner (s. S. 28), der die Kanzel schuf. Unter den herausgeputzten Bürgerhäusern des 17. und 18. Jhs. in den schmalen Seitenstraßen sticht besonders das *Schelfenhaus* (Schelfengasse 1) hervor. Die prächtige Fassade erscheint fast zu üppig für den eher bescheidenen Standort. Nach aufwendiger Renovierung werden die Prunkräume im Stadtpalais des wohlhabenden Kaufmanns und Ratsherrn Johann G. A. Schelf heute für Tagungen genutzt.

*Idyllisches Sommerhausen*

## Wein aus erster Hand

Die Zentrale der *Gebiets-Winzergenossenschaft Franken* (GWF) in Kitzingen-Repperndorf informiert ihre Kunden in einem großen Schauraum über Weinlagen und Rebsorten, Geschmacksvarianten und die Eignung der Weine zu bestimmten Gerichten. Die GWF (2700 Mitglieder, 1400 ha Besitz) verfolgt seit 1986 das Konzept des ökologischen Weinbaus. Der Schwerpunkt liegt bei trockenen und fruchtigen Weinen der Sorten Müller-Thurgau und Silvaner.

GWF, Alte Reichsstr. 70, 97318 Kitzingen, ☏ (0 93 21) 7 00 50; ⏲ Mo–Fr 8–18, Sa 8–14 Uhr.

Der Kreuzweg hinaus zum Wallfahrtskirchlein *St. Maria im Weingarten* soll dem Leidensweg Christi in Jerusalem entsprechen. Kaum einer der heutigen Kunstpilger geht jedoch zu Fuß von der Stadt aus den Kreuzweg (1,5 km), um das großartige Werk Tilman Riemenschneiders zu sehen: die ** *Rosenkranzmadonna* aus Lindenholz (1524) im Chor, die vor dem Raub (1962) über dem rechten Seitenaltar hing. Damals waren die Details der Medaillons zwischen jeweils zehn Rosenblüten besser zu sehen: Verkündigung, Besuch Marias bei Elisabeth, Geburt Jesu, Anbetung der Könige und Marias Tod (auf der Rückseite die Wundmale Jesu). Maria steht auf einer Mondsichel, dem Symbol des Islam, über ihr schweben Engel, die eine (seit langem verlorene) Krone hielten. Wie ein Monogramm arrangierte Riemenschneider die Falten des Kleides zu einem „M".

Vermutlich von einem Mitarbeiter des Würzburger Bildhauers stammt die farbig gefaßte *Anna selbdritt* (um 1520). Der Schöpfer der *Pietà,* eines schmerzverzerrten Christus auf den Knien Marias, ist unbekannt.

**Tip:** Um Musik, Kunst und entspannte Atmosphäre zu erleben, fahren Sie hinauf zur **Hallburg,** 10 Autominuten südwestlich von Volkach. Lassen Sie sich im schattigen Biergarten oder in historischen Gewölben fränkische Köstlichkeiten und Wein vom Schönbornschen Gut schmecken. Im Sommer bekannter Jazzfrühschoppen (So). Großer Kinderspielplatz. Mai–Sept. ab 11 Uhr, im Winter teils später, Mo, Di geschl. (0 93 81) 23 40, FAX 25 68. $

im Rathaus, 97332 Volkach, (0 93 81) 401 12, FAX 4 01 16.
Volkach-Rundfahrten Mitte April–Ende Okt. Mo–Fr 14 Uhr, Sa, So, Fei 10, 12, 14, 16 Uhr.

H R **Zur Schwane,** Hauptstr. 12, 8 06 60, FAX 80 66 66. Geschmackvolles Romantikhotel, feine Küche. $$
**Vier Jahreszeiten** (garni), Hauptstr. 31, 37 77, FAX 47 73. Individuell mit Antiquitäten möblierte Räume eines ehemaligen Amtsgerichts. Der Gag in Zi. 109: die Schaukelbadewanne. $$
R **Weinstube Torbäck,** Hauptstr. 35, 98 09. Heimelige Atmosphäre, Weinberatung vom Chef(-Koch). $–$$

Zwei angenehme Stunden Fußwanderung von Würzburg am westlichen Mainufer entlang oder eine Schiffahrt auf dem Main sind sicher die schönsten Wege nach ***Veitshöchheim** (10 000 Einw.; 7 km nördl.). An warmen Tagen füllen sich schnell die Gassen zwischen den Fachwerkbauten entlang der Mainlände und dem hübschen Platz vor der barocken Pfarrkirche. Doch bis im 17./18. Jh. Würzburgs Fürstbischöfe ihrer Sinnenlust in Schloß und Garten frönten, nahm von dem Ort kaum jemand Notiz. Balthasar Neumann erweiterte den Sommersitz im Auftrag Johann Philipps von Greiffenclau, der den wunderbaren ** *Hofgarten* anlegen ließ. Den Wandel zum raffinierten Rokokopark vollzog sein Nachfolger Adam Friedrich von Seinsheim (1755 bis 1779). Musen und römische Götter (von J. W. van der Auvera) grüßen in heiterer Pose von der unteren Mauer der Schloßterrasse und lenken den Blick auf die 300 m lange Lindenallee.

Während sich rund um das große Wasserbecken in lauschigen Heckennischen Figuren verstecken, die einst in hellen Porzellanfarben erstrahlten – Allegorien der Jahreszeiten und Künste, Götter und neckische Eroten –, steigt das (ehemals vergoldete) Dichterroß Pegasus glanzvoll zum Olymp auf. Zu seinen Füßen spielt Apoll die Lyra, als Gott der Künste Führer der ihn umgebenden Musen und Sinnbild fürstbischöflichen Mäzenatentums. In dem als gärtnerisch gestalteter Palast konzipierten *Heckengarten* zieht der „Ballsaal" die Blicke auf sich. Früher fehlten zwar die Platanen, doch betonten Hecken, die gleich den Speichen eines Rades zur Mitte strebten, seine zentrale Stellung. Durch die Ovalfenster der Pavillons und Heckenausschnitte öffnet sich eine kuriose Perspektive auf eine

Apollgruppe am Südrand des Parks sowie nordwärts auf Polyhymnia, die Muse des festlichen Liedes und des Lyraspiels (an der Schloßterrasse).

Jenseits des *Waldgartens* stellte eine (1945 zerstörte) Kaskade den östlichen Gegenpol zu Pegasus dar. Ferdinand Tietz versetzte seine Figuren gekonnt in Bewegung, ließ sie lächeln und Grimassen schneiden. Anders Peter Wagner, der seinem Apoll in der östlichen Randzone schon die ruhigeren Formen des Klassizismus verlieh. Der handtuchschmale Streifen, der vom skurrilen *Schneckenhaus* mit seiner opulenten Muscheldekoration ausgeht, bildet die letzte Raumflucht im Park.

🕓 Park tgl. 7 Uhr bis Sonnenuntergang. Schloß April–Okt. Di–So 9–12, 13–17 Uhr, nur Führungen: werktags nach Bedarf, So, Fei stündlich.

Über der Pracht des Gartens vergißt man leicht ein für Franken einmaliges Kulturdenkmal: die * *Synagoge*, der das * *Jüdische Kulturmuseum* angeschlossen ist (Thüngersheimer Str. 17). Das für viele Landgemeinden typische Gebetshaus (1730) blieb aufgrund seiner späteren Nutzung als Feuerwehrhaus erhalten. Mit Originalteilen konnte man die alte Lesekanzel rekonstruieren. 1986 entdeckte man auf dem Dachboden die vollständig erhaltene Genisa. Diese Ablage religiöser Schriften und Kultgegenstände (die nach jüdischem Gebot nicht weggeworfen werden durften, wenn sie unbrauchbar wurden) reicht bis in das Jahr 1540 zurück. Das hervorragende Museum umfaßt zudem die Wohnung des Rabbiners, das rituelle Reinigungsbad und ein Haus, in dem Wandmalereien einen Raum unter dem Dach als Ort des Laubhüttenfestes ausweisen. 🕓 Do 15–18, So 14–17 Uhr.

ℹ E.-Vornberger-Pl., 97208 Veitshöchheim, ☎ 9 80 27 40, FAX 9 80 27 42.
Ⓗ Ⓡ **Ratskeller,** E.-Vornberger-Platz, ☎ 98 09 40, FAX 9 80 94 30. Direkt am Schloßpark, ruhig, sehr gepflegt (8 Zi.). Gediegenes Restaurant mit Weinen des Hofkellers; idyllische Terrasse. Ⓢ

*Im großen Maindreieck*

*Mit dem Fahrrad zur Kunst: St. Maria im Weingarten, Volkach*

*Auf 6000 ha gedeihen heute in Franken edle Reben*

# *** Rothenburg ob der Tauber

## Mittelalter pur?

**Ja und nein. Hier mußte sich sogar eine allseits bekannte Hamburgerkette einen filigranen Ausleger schmieden lassen – so streng nahm es der Stadtrat mit dem Image. Ein Image nicht von ungefähr, denn Rothenburgs Ortsbild spiegelt hübsch herausgeputztes Mittelalter. Gewiß waren die Straßen der wohlhabenden Freien Reichsstadt einst nicht überall so sauber, das Vieh verstreute seine Hinterlassenschaften, und mit der Kanalisation war's nicht weit her. Den Wohnstuben allerdings war durchaus Komfort zu eigen: Deckenbalken, fein geschnitzt oder lustig bemalt, und schönes Mobiliar aus den Werkstätten versierter Zimmerleute. Die alte Zier ist in Rothenburg jedenfalls nicht museumsstaubig geworden, denn die Romantiker entdeckten den Charme der nach dem Dreißigjährigen Krieg verarmten Stadt. Heute zieht sie tagtäglich Tausende in ihren Bann; auf stillen Spazierwegen zu den Mühlen im Taubergrund können Sie jedoch den Tagestrubel auch für eine Weile hinter sich lassen, um dann in den Abendstunden den Liebreiz der stillen Gassen zu entdecken.**

## Ein Sprung nach oben

Bereits vor der Jahrtausendwende ließ ein Graf des Kochergaus am Tauberufer von Detwang (s. S. 70) ein Kirchlein und auf dem Bergsporn hoch über dem Fluß eine Burg errichten. Als 1142 das Gebiet in staufischen Besitz kam, wurde sie zur Reichsburg ausgebaut. Unter dem Schutz der „Roten Burg" entwickelte sich bald eine Siedlung der Burgmannen, also höfischer Bediensteter und Lieferanten. 1172 wurde ihr das Stadtrecht zugesprochen. Etwa zur gleichen Zeit zogen die Bürger einen ersten Mauergürtel; ein Jahrhundert danach erreichten sie, daß Rothenburg eine unmittelbar dem Kaiser unterstellte Freie Reichsstadt wurde Das Erdbeben von 1356 zerstörte zwar die alte Rote Burg, jedoch nicht die bürgerliche Gemeinschaft. Ackerbau und Viehzucht ließen den Ort aufblühen. Eine zweite Mauer, befestigt mit mächtigen Basteien und Tortürmen, beschrieb einen weiten Bogen nach Osten und Süden hin. Dennoch ließen die Bauernkriege, die Wirren der Reformation und der Dreißigjährige Krieg Rothenburg bluten, und der Glanz des Barock fiel auf andere Städte der Region.

Die mittelalterbegeisterte deutsche Romantik entdeckte den besonderen Reiz des Ortes wieder, der – von der Industrialisierung des 19. Jhs. und den Zerstörungen des Zweiten Weltkriegs verschont – bis heute erhalten blieb. Aus seinem Dornröschenschlaf wurde Rothenburg schließlich von der Reiselust der Wirtschaftswunderkinder in den fünfziger Jahren geweckt. Heute besucht alljährlich ein internationales Publikum von mehr als 1,5 Millionen Gästen die Stadt, und der Tourismus wurde zum wichtigsten Erwerbszweig.

## Stadtspaziergang

Die Stadt ist die Sehenswürdigkeit, nicht so sehr das eine oder andere Einzelobjekt; das heißt, wer nur bummeln will – vom Rathaus zum Burggarten, für ein Foto zum Plönlein und noch zum Markus- oder Weißen Turm –, der sieht schon in zwei Stunden einiges. Zwischen drei Stunden und einem ganzen Tag dauert dagegen der beschriebene Rundgang, abhängig vom individuellen Interesse für die verschiedenen Museen. Von April bis Weihnachten nimmt der Nachtwächter um 21.30 Uhr am Rathaus auch Besucher mit auf seine Runde: „Hört, Ihr Leut, und laßt Euch sagen ..."

Rathaus und Ratstrinkstube prägen den Marktplatz

Alle Wege treffen sich auf dem **** Marktplatz,** wie magnetisch angezogen von der schlanken Turmsäule des **Rathauses ❶**. Sie krönt seit 1588 den gotischen Trakt des Repräsentationsbaus, dessen Renaissance-Anbau (1572 bis 1578) seine elegante Fassade dem Platz zuwendet. Von der Herrngasse her öffnet sich ein schönes Portal auf einen Lichthof. Eine Treppe führt dort hinab in die *Historiengewölbe* mit einer lebendigen Dokumentation der Stadtgeschichte bis zum Dreißigjährigen Krieg, eine andere hinauf in den gotischen *Kaisersaal.* Seine steinernen Schranken verraten die frühere Nutzung als Gerichtssaal.

Nach alter Tradition der Schäfer wird an Festtagen getanzt

Die Ratsherren mögen dort im Dreißigjährigen Krieg auch über den Widerstand gegen die kaiserlich-katholischen Truppen entschieden haben – wie es das Festspiel „Der Meistertrunk" mehrmals im Jahr nachstellt. Demnach war es Altbürgermeister Nusch zu verdanken, daß General Tilly die Stadt 1631 mit Zerstörung und Plünderung verschonte. Um den Haudegen Tilly milde zu stimmen, reichte man ihm auch einen Humpen (gute 3l) kräftigen Taubertaler Weins. Tilly stellte nun seinerseits die Bedingung, das Gefäß müsse von einem der Stadtoberen geleert werden, und Nusch trank den Humpen aus, wie er es noch heute achtmal pro Tag oben im Giebel des *Ratstrinkstube* genannten Hauses an der Nordseite des Marktplatzes wiederholt (stdl. 11–15, 10–22 Uhr). Gestiftet wurde die Figurendarstellung Anfang des Jahrhunderts (die alte Uhr stammt von 1683).

Blick vom Rathausturm nach Westen über die Herrngasse

Ein grandioses ****** *Panorama* belohnt die Mühe der vielen Stufen hinauf zur Aussichtsplattform des **Rathausturms.** Aus der Vogelschau erlebt man die verschachtelte Häuserlandschaft, blickt in die Hinterhöfe und erkennt den Verlauf der ersten Stadtmauer, die die Firstlinie der Gebäude, z. B. am Alten Stadtgraben, nachzeichnet. 🕓 April–Okt. 9.30

bis 12.30, 13–16 Uhr, Nov.–März Sa, So 12–15 Uhr.

Deutlich sticht in ihrer Breite die nach Westen führende **Herrngasse** hervor. Dort lebten früher wohlhabende Patrizier, was noch die mächtigen Hoftore und Familienwappen an den Häusern erkennen lassen. Den Herren von Staudt gab selbst Kaiser Karl V. 1546 in ihrem *Stadtpalast* die Ehre (Innenhof und Küche an Wochenenden geöffnet; wechselnde Öffnungszeiten).

Der *Georgs-* oder *Herterichbrunnen* an der Südseite des Marktplatzes bedeutete für die Stadt einst weit mehr als nur bunte Zier: Die etwa 1000 hl Wasser seiner Zisterne sicherten im Belagerungsfall das Überleben.

Im **Ehemaligen Tanzhaus ❷**, auch *Fleischhaus* genannt, nutzt heute der Künstlerverband die einst offene Verkaufshalle als Ausstellungsraum. Einige Häuser weiter fühlt man sich in einen Traum versetzt: schimmernde Glaskugeln, Nußknacker, Weihnachtsglöckchen klingen, und das bei sommerlichen 30 °C im Schatten: In den beiden Geschäften „Käthe Wohlfahrt" und „Christkindlmarkt" decken sich vor allem Amerikaner und Japaner mit weihnachtlicher Dekoration ein.

Nördlich des Rathauses schieben sich die Türme der (1311 begonnenen) gotischen ****St.-Jakobs-Kirche ❸** ins Blickfeld. Äußere Gestalt und Innenraum korrespondieren hier, und die Fenster im Ostchor (Leben Mariens, Leiden Christi) sind Meisterwerke der Glaskunst des 14. Jhs. Von hoher künstlerischer Qualität ist auch der *12-Apostel-Altar,* der vermutlich von einem schwäbischen Bildhauer stammt. Vier Engel umschweben das Kreuz, darunter steht zwischen Maria und Elisabeth von Thüringen der Kirchenpatron St. Jakobus mit der Muschel: Rothenburg war Station am Pilgerweg ins nordspanische Santiago de Compostela. Friedrich Herlin aus Nördlingen hatte nachweislich 1466 den Auftrag für die Seitenflügel, auf denen er Begebenheiten aus dem Marienleben und die Jakobslegende (Rückseite; letztere vor der Kulisse Rothenburgs) darstellte. Deutlich wird hier die Stilentwicklung im Vergleich zur *Sakramentsnische* (um 1400); der *Marienaltar* im rechten Seitenschiff wird der Werkstatt Riemenschneiders zugeschrieben. Der *Westchor,* der wie eine Brücke die Klingengasse überspannt, birgt eines der herausragenden Werke Tilman Riemenschneiders (s. S. 17), den ****** *Heilig-Blut-Altar.* Noch während seiner Zeit als Würzburger Bürgermeister hatte Rothenburg ihn für das Schnitzwerk verpflichtet. Es sollte die Reliquie des Heiligen Blutes (gefaßt in der Bergkristallkapsel eines Kreuzes) aufnehmen, zu dem ein wachsender Strom von Pilgern strebte. Höchst ungewöhnlich ist die Anordnung der Figuren; der Verräter Judas steht im Mittelpunkt der Abendmahlszene, in der linken Hand den Beutel mit den Silberlingen. Er drängt sich zu Christus, während die anderen Apostel debattieren oder ratlos in den Raum blicken. Auf den Seitenflügeln setzte der Künstler andere Ereignisse aus dem Leben Jesu in Szene: den Einzug in Jerusalem und die Gebete im Garten von Gethsemane (der hier von einem typisch fränkischen Weidenflechtzaun umgeben ist).

Vorbei am Renaissancebau (16. Jh.) des früheren **Gymnasiums ❹** gelangt man in die *Klingengasse* mit Blick auf den Turm der Klingenbastei. Mehr als 400 Jahre haben einige Gebäude hier die Stürme der Zeit überdauert.

Zeugnisse der jüdischen Gemeinde (bis 1520), deren Häuser an oder nahe der Judengasse (rechts) lagen, bewahrt auch das ***Reichsstadtmuseum ❺** im früheren Dominikanerinnenkloster (13./14. Jh.). Möbel, Hausrat, kostbare Altarbilder, auch Waffen und die original erhaltene Klosterküche – möglicherweise die älteste in Deutschland – führen Jahrhunderte zurück. In einigen Beeten des kleinen Gartens wachsen wieder alte Heilpflanzen. 🕓 April–Okt. 10–17 Uhr, Nov.–März 13–16 Uhr.

Die Kirche ***St. Wolfgang** ❻ entstand Ende des 15. Jhs. als Stiftung der Schäferbruderschaft. Mit dem Bau schob man dem Klingentor noch einen Verteidigungsposten vor. Die kleine Wehrkirche besitzt nach Norden hin keine Fenster, dafür Schießscharten und Kasematten; über den Dachboden kommt man auf den Geschützboden und von

❶ Rathaus
❷ Ehemaliges Tanzhaus
❸ St.-Jakobs-Kirche
❹ Gymnasium
❺ Reichsstadtmuseum
❻ St. Wolfgang
❼ Burgtor
❽ Figurentheater
❾ St.-Franziskus-Kirche
❿ Mittelalterliches Kriminalmuseum
⓫ Puppen- und Spielzeugmuseum
⓬ Siebersturm
⓭ Zehntscheune
⓮ Roßmühle
⓯ Gerlachschmiede
⓰ Markusturm
⓱ Alt-Rothenburger Handwerkerhaus
⓲ Topplerschlößchen

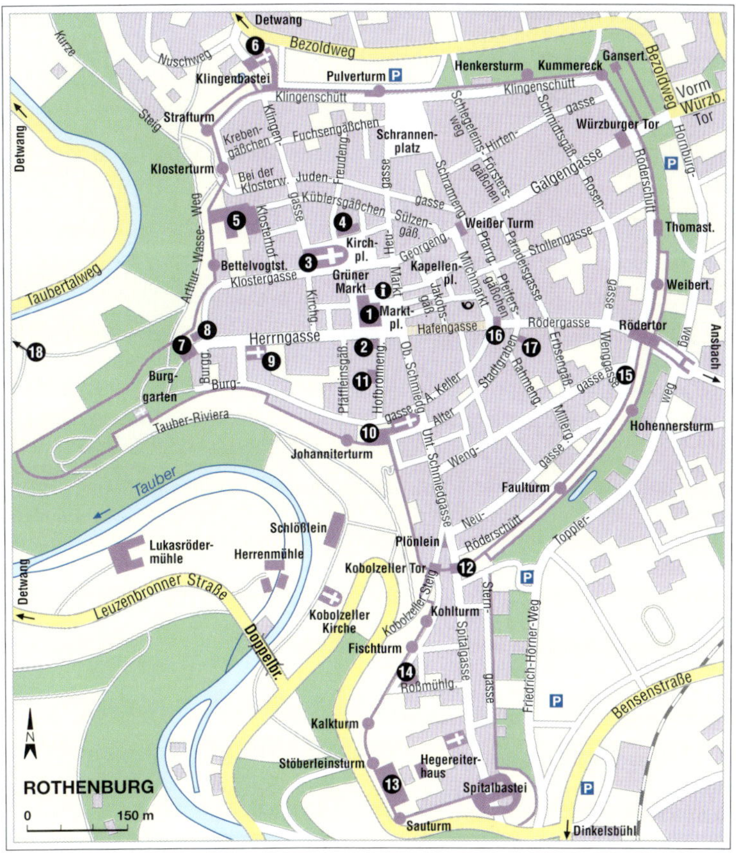

dort aus zum Wehrgang der Stadtmauer. Erhard Harschner fertigte vermutlich (wie in St. Jakob) den Rahmen für den Hauptaltar zu Ehren des Schäferpatrons Wolfgang (Skulpturen: Hans Elsässer). An der Westseite des Kirchenraums windet sich eine Treppe hinauf zu den Kämmerchen des Torwächters, wo das **Schäfertanz-Kabinett** die lange sehr einträgliche Schafzucht und die Tanztradition erklärt. ⌚ März bis Oktober 10–12, 14–18 Uhr.

Ein idyllischer Spazierweg verläuft im Westen abwechselnd innerhalb und außerhalb der Mauer, mit Blick auf das von steilen Bergflanken gesäumte Tal, die Fuchsmühle und das Topplerschlößchen. Etliche der herrlichen alten Bäume verloren hier in einem Gewittersturm 1995 ihre prächtigen Kronen.

Wo der Wind den **Burggarten** angriff, haben es Menschen nie gewagt: Jäh abfallende Felsen schirmten den Adelssitz nach drei Seiten ab. Als einziges Relikt der staufischen Burg blieb ein Teil des Wohntraktes mit Wandmalereien des 14. Jhs. erhalten (heute Blasiuskapelle; Ehrenmal für die Gefallenen der Weltkriege). Von der Höhe bietet sich ein grandioser Blick auf die „Tauber-Riviera" und den Südteil der Stadt.

Feinden, die durch das **Burgtor** ❼ (um 1360) einzudringen versuchten, blickte die freche Maske der „Pechnase" entgegen, durch die man Pech auf sie herabschüttete. Ein weiteres Kuriosum ist das *Nadelöhr,* ein Durchstieg im inneren Turmbau, durch den man nach Torschluß, zwischen Sonnenunter- und Sonnenaufgang, mit Sondergenehmigung des Rats hineinschlüpfen durfte.

Gleich neben der Mauer in der Herrngasse 38 treiben im **Figurentheater** ❽ die Puppen allerlei Unsinn, um kleine und große Besucher zu unterhalten. Vorstellungen Mo–Sa 20.30 Uhr, Juni bis Sept. auch 15 Uhr; ☎ 73 54 oder 33 33. Die **St.-Franziskus-Kirche** ❾ schräg gegenüber war die erste der Stadt (Baubeginn 1285; Grabmäler der Patrizierfamilien).

Hart an der Felskante zieht sich die Burggasse südwärts, die man als ältesten Weg ausweist. Für eine Pause bieten sich die heimelige „mittelalterliche Trinkstube" **Zur Höll** oder ein Plätzchen in der Sonne vor dem Haus an (Burggasse 8, $)). Das Hexenhäuschen entsprach dem alten Normmaß der Wohngebäude, Größe demonstrierte dagegen seit Anfang des 13. Jhs. der Johanniterorden mit seiner Komturei.

Das Rokokogebäude diente nach der Säkularisierung u. a. als Sitz des Landgerichts und beherbergt heute das **Mittelalterliche Kriminalmuseum** ❿ (Burggasse 3): Wo früher Recht gesprochen wurde, wird heute Rechtsgeschichte dokumentiert, z. B. mit dem illustrierten Sachsenspiegel von 1220 bis 1235, Urkunden mit Siegeln von Kaisern und Königen, Strafregistern sowie Unmengen grausamer Folterinstrumente. Hier wird klar, welchen Urspung der Ausdruck „sich gerädert fühlen" hat. Humoristische Darstellungen der Missetäter, von Halsgeigen oder metallenen Masken „geziert", lassen dennoch hin und wieder schmunzeln. ⌚ April–Okt. 9.30–18, Nov.–Febr. 14–16, Weihnachten, März 10–16 Uhr.

Die kleine *Johanniskirche* (gotisch, barockisiert) grenzte ehemals an ein Tor der ersten Stadtummauerung.

Wenige Schritte in Richtung Marktplatz verspricht in der Hofbronnengasse das ***Puppen- und Spielzeugmuseum** ⓫ heitere Abwechslung. Nicht nur Kinder sind hier entzückt von niedlichen Puppen und struppigen Bären. Das Gebäude selbst diente seit seiner Entstehung 1478 als Tuchhandelshaus und für etwa 100 Jahre bis 1975 als Druckerei. Einige Räume im Obergeschoß sind noch im bürgerlichen Stil des Biedermeier eingerichet. ⌚ tgl. 9.30–18 Uhr, Jan.–Febr. 11–17 Uhr.

Weiter nach Süden der Schmiedgasse folgend gelangt man zum **Plönlein.** Kaum ein anderes deutsches Motiv klebt wohl so häufig als Erinnerungsbild in Fotoalben der ganzen Welt. Das

Ensemble um den „ebenen kleinen Platz“, so die ursprüngliche Bedeutung des Wortes, wurde zum Inbegriff der Fachwerkromantik. Eines der schmukken alten Häuser steht zwischen der Schmiedgasse, der der **Siebersturm** ⓬ einen Riegel vorschiebt, und der abschüssigen Steige hinunter zum *Kobolzeller Tor*. Als noch die Fischer vom Taubergrund hier heraufzogen, konnten sie bis zum Marktbeginn ihren Fang in den von kühlem Wasser durchströmten Steinbecken neben dem Brunnen frischhalten.

Aufgrund der ständigen Seuchengefahr baute man im Mittelalter – als Gründungszeit des „Siechenhauses“ gilt das ausgehende 13. Jh. – die Spitäler in Randlagen oder außerhalb der Städte. In Rothenburg wurde bereits 1298 das **Spitalviertel** in die Ummauerung einbezogen. Die Finanzierung sicherte eine Stiftung der Stadt, die zur Zeit ihrer Blüte um 1430 mehr als 160 Dörfer und 370 km² Land ihr eigen nannte. Eine Kirche durfte in der Anlage nicht fehlen, ebensowenig eine *Zehntscheune* ⓭, in der die Bauern einen Ertragsanteil an die Stiftung abzuliefern hatten. Das mächtige Bauwerk (heute *Reichsstadthalle* mit Tagungszentrum) demonstrierte die wirtschaftliche Bedeutung der Institution, deren Besitzungen 1803 (als die Freien Reichsstädte ihren Status verloren) u. a. 3000 Morgen Wald, 500 Morgen Acker und 14 Morgen Weinberge umfaßten.

Der Hegereiter des Spitals bewohnte ebenfalls ein stattliches Häuschen. Im 15. Jh. waren die „Hege“ genannten Landbesitzungen durch einen dreifachen Wall mit dazwischenliegenden Gräben geschützt und wurden von Reitern überwacht. Wie das malerische **Hegereiterhaus* mit dem markanten Zeltdach und dem Treppentürmchen hat auch die *Roßmühle* ⓮ (Jugendherberge) gut 400 Jahre überdauert. Ihr von Wasser- auf Pferdebetrieb umstellbares Mahlwerk garantierte selbst in Trockenperioden oder bei Belagerungen reibungslosen Betrieb.

*Blick vom Burggarten auf das Spitalviertel*

*Gerlachschmiede*

*Riemenschneiders Heilig-Blut-Altar in der Jakobskirche*

Unter den Bastionen der Stadt ist die *Spitalbastei* (14.–17. Jh.) ein wahres Bollwerk: Allein sieben Tore und ein Graben waren hier zu bezwingen. Nach einem Blick auf den Geschützboden sollte man die steilen Stiegen zum Wehrgang der **Stadtmauer** nehmen und ihr nach Osten bis zum *Röderturm* (14. Jh.) folgen. Kurz vor dem mächtigen Torbau fällt die bis in die sechziger Jahre arbeitende **Gerlachschmiede** ⓯ mit ihrem fränkischen Fachwerk auf. Man überschaut dieses Gebäude und den gesamten Ort besonders gut vom Turmzimmer im Rödertor (einzig begehbarer Turm der Stadt).

Der stadteinwärts gelegene ***Markusturm** ⓰ bewachte im Ring der ersten Stadtmauer die Straße nach Osten. Vorher zweigt links der Alte Stadtgraben zum ****Alt-Rothenburger Handwerkerhaus** ⓱ (Nr. 26) ab. Seit 1270 tragen die mächtigen Balken schiefe Wände und Decken. Büttner, Schwarzfärber, Weber und andere Handwerker sowie ein Schuster lebten mit ganzen Großfamilien in den uns heute winzig erscheinenden Zimmerchen. Doch das Haus hatte auch einen Luxus: den Brunnen. Geheizt wurde in der Küche im Erdgeschoß, bei besonderen Anlässen im Kachelofen (14. Jh.) in der Stube. In der zugigen Dachkammer konnte andererseits der Geselle das Bett wie einen Schrank verschließen, damit die Kälte ihm nicht den Schlaf raubte. Und dunkel waren sie, die alten Häuser! Um den Kerzenschein am Arbeitstisch des Schusters zu verstärken, hängte man über die Flamme wassergefüllte Glaskugeln, die das Licht brachen und so den Raum stärker erhellten.

Den Typus des komfortablen Stadthauses repräsentiert dagegen das **Baumeisterhaus** am Marktplatz, in dessen Fachwerk-Innenhof fränkische Gastronomie gepflegt wird (☏ 9 47 00; ⓢ). Einen wohlhabenden Besitzer hatte auch der wenige Schritte entfernte **Gasthof Goldener Greifen**, das Wohnhaus des Bürgermeisters Toppler, dem Rothenburg seinen Aufstieg im 14. Jh. verdankte. Der clevere Politiker starb indes im Gefängnis. Als sein Verbündeter, König Wenzel, abgesetzt wurde, verhängte sein Nachfolger die Reichsacht über Rothenburg. Für die folgende Belagerung machte das Volk Toppler verantwortlich. Die Würfel, die sein Emblem waren, denn „toppeln" bedeutet würfeln, waren gegen ihn gefallen. Ohne Gerichtsverhandlung endete er im Verlies unter seinem ehemaligen Amtssitz (Grabstein in St. Jakob).

Toppler war ein Mann mit originellen Ideen; davon zeugt sein Sommerhäuschen, das **Topplerschlößchen** ⓲ (1388) nahe der Fuchsmühle: Auf einem wehrhaften Steinkubus mit Schießscharten sitzt eine wohnliche Fachwerketage. ⏲ Fr–So 13–16 Uhr. Der Fußweg dorthin (vom Burggarten aus) ist eine angenehme Abwechslung zu den Pflasterpfaden durch die Stadt.

Fährt man mit dem Auto, bietet sich eine Rundfahrt an: An der Spitalbastei hinunter ins Taubertal, vorbei an der *Kobolzeller Kirche* (15. Jh.), die 1525 von Bilderstürmern geschändet wurde, dann über die *Doppelbrücke* und tauberabwärts vorbei an alten Mühlen. Auch aus dieser Perspektive ist Rothenburg sehenswert. Vom Topplerschlößchen aus geht es zur *Bronnenmühle,* wo ein Biergarten zur Rast einlädt, danach vielleicht ein Abstecher nach Detwang und die Kurze Steig hinauf in die Stadt. *Achtung:* Die Straße ist zwischen Doppelbrücke und Bronnenmühle So/Fei 11–16 Uhr für Autos gesperrt.

## Praktische Hinweise

ⓘ Marktplatz, 91541 Rothenburg, ☏ (0 98 61) 4 04 92, FAX 8 68 07. Stadtführungen ab Marktplatz Mai–Okt., Dez. 11 Uhr, April–Dez. 14 Uhr. Nachtwächter-Rundgang April–Dez. 21.30 Uhr ab Rathaus.
**Literaturtip:** „Toppler. Ein Mordfall im Mittelalter" betitelte E. W. Heine seine Geschichte über Aufstieg und Fall des Bürgermeisters Toppler und das Leben in Rothenburg im 14. Jh. (Diogenes).

Ⓗ Ⓡ **Eisenhut,** Herrngasse 3–7, ☎ 70 50, Fax 7 05 45. Erstklassige Ausstattung und Küche in den Räumen von vier Patrizierhäusern. Terrasse. $$
**Reichs-Küchenmeister,** Kirchplatz 8/9, ☎ 97 00, Fax 97 04 09. Nostalgisches Wohnen mit Komfort in einem der ältesten Patrizierhäuser am Ort. Lauschige Plätzchen auf der Terrasse mit Blick auf St. Jakob. Fränkisch-internationale Gerichte. $-$$
**Gasthof Goldener Greifen,** Obere Schmiedgasse 5, ☎ 22 81, Fax 8 63 74. Im Haus des Bürgermeisters Toppler wird Tradition gepflegt, ohne den Fortschritt zu vergessen. Die Gaststube (außer an Festspieltagen So geschl.) ist nicht umsonst Stammlokal vieler Rothenburger. Persönlicher Service. $
**Glocke,** Plönlein 1, ☎ 30 25, Fax 8 67 11. Gediegene Zimmer im ehemaligen Haus des Spitalkellers. Zu einheimischer Küche werden Weine aus eigenem Anbau ausgeschenkt. $
**Altfränkische Weinstube,** Am Klosterhof 7, ☎ Fax 64 04. Fünf stilvolle Zimmer mit echter Fachwerkidylle. Sehr gemütliche Gaststube (Di geschl.), wo man abends fränkische Spezialitäten mit einem Tauberländer Schoppen abrunden kann. So, Fei auch 12-14.30 Uhr. $
**Herrenmühle** (garni), Taubertalweg 54, nahe der Doppelbrücke, 10 Min. Fußweg zum Plönlein, ☎ Fax 21 76. Moderne Zimmer in Mühle und Neubau; auch Wohnungen. $

Ⓡ Die meisten Hotels und Gasthöfe haben empfehlenswerte Restaurants. **Zur Höll,** Burggasse 8, ☎ 42 29, eine „mittelalterliche Trinkstube", in der man sich auch um den hungrigen Magen des Gastes kümmert. $
**Toppler-Felsenkeller,** im Taubertal westl. der Doppelbrücke. Terrassencafé, Panoramablick auf die Stadt. $

Zu zünftigen **Ritteressen,** bei denen mit Fingern, Löffel und Dolch geschmaust wird, lädt mittags und abends das Hotel **Bären,** Hofbronnengasse 4–9, ☎ 9 44 10, Fax 8 66 88, ein; Reservierung erforderlich. $

*Röderbogen und Markusturm*

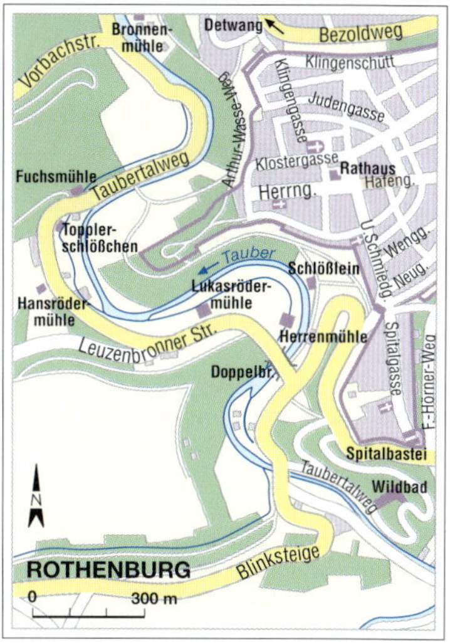

# ** Dinkelsbühl

## Ländliche Idylle in Stadtmauern

**Im flachen, ungeschützten Land mußte sich die Siedlung bei den Hügeln (bühl) des Dingolt, so vermelden es die Chroniken, bereits im 10. Jh. mit einem Bering der marodierenden Ungarn erwehren. Auch in den folgenden sieben Jahrhunderten sah sich der Ort zahlreichen Angriffen ausgesetzt, der Ausbau der Mauern war unerläßlich. Als segensreicher Akt erwies sich die Übereignung der Stadt durch Kaiser Friedrich Barbarossa an seinen Sohn Konrad im Jahre 1188 – als Hochzeitsgeschenk für dessen Braut, Prinzessin Berengaria von Kastilien. 20 Jahre lang trug sie Verantwortung für die Siedlung an der Wörnitzfurt, wo sich die Handelswege zwischen Rothenburg und Augsburg, Nürnberg und Stuttgart kreuzten. Davon profitierten u. a. Wollweber, Tuchmacher und Schmiede, und die Zünfte erhielten aufgrund ihrer Bedeutung früh Mitspracherecht im Stadtrat.**

**Trotz des ökonomischen Aufschwungs blieb Dinkelsbühls ländlicher Charakter gewahrt, seine öffentlichen Gebäude erreichten – abgesehen von der stolzen Pfarrkirche St. Georg – nur maßvolle Dimensionen. Unmittelbar hinter den Hauptstraßen liegen an den Gäßchen ehemalige Handwerker- und Bauernhäuser mit Nutzgärten und Höfen für Federvieh, Schweine und Kühe. Weit mehr als zum Beispiel in Rothenburg lockern diese Grünparzellen bis heute das Bauklötzchenspiel der Häuser auf. Gerade die Gärten, die sich innerhalb und außerhalb der Stadtmauer entlangziehen, machen zusammen mit den glitzernd-spiegelnden Wasserläufen Dinkelsbühls ganz privaten Charme aus.**

## Stadtspaziergang

Dem konservatorischen Geist des Bayernkönigs Ludwig I. ist die Erhaltung des Mauerrunds im 19. Jh. zu verdanken; die Armut nach dem Dreißigjährigen Krieg hatte dem Ort schon 200 Jahre vorher einen Modernisierungsstopp aufgezwungen. Nichts an Wirkung verlor damit die klare architektonische Linie der Pfarrkirche **** St. Georg ❶**, die unmißverständlich den **Marktplatz** als urbanen Mittelpunkt ausweist. Der Turm (schöner Ausblick) blieb auf halber Bauhöhe stecken, aber der 1499 fertiggestellte Kirchenraum, ein Werk der aus Nördlingen bekannten Baumeister Nikolaus Eseler Vater und Sohn, läßt Gotik in Vollendung erleben: eine Flucht himmelstrebender Steinsäulen, deren Kreuzrippen sich in wechselnden Mustern an der Decke verflechten, schlanke Seitenschiffe so hoch wie das Mittelschiff, und unter dem Baldachin der perfekten Bauform stehen bemerkenswerte Altäre. Der *Hochaltar* (um 1480) verbindet – höchst ungewöhnlich – eine Skulptur des gekreuzigten Christus mit einem Gemälde der Trauernden. Für das rechte Seitenschiff, wo Bildnisse der Baumeister hängen, stifteten die Gerber und Schuhmacher einen Altar für ihre Schutzheiligen Crispinan und Crispus. Am 12 m hohen *Sakramentshäuschen* ließ sich das Stifterpaar porträtieren (mit Datum 1480).

Vor dem Münster sitzt in Bronze gegossen ein Sohn der Stadt – Christoph von Schmid (1768–1854). Sein Weihnachtslied „Ihr Kinderlein kommet“ überlebte den Domherrn zu Augsburg bis in unsere Tage, der moralische Tenor seiner Kindergeschichten fand dagegen nur im 19. Jh. populäres Echo.

Der breite *** Weinmarkt** erstreckt sich, gesäumt von stattlichen Giebelfronten, vom Marktplatz bis zum Rothenburger Tor (um 1380). Am alten Straßenmarkt durfte die Flagge des Wohlstands gehißt werden, und nicht nur zu festlichen Anlässen rücken heute die Gastwirte Tische und Bänke aufs Pflaster.

Bunte Putzfassaden mit Staffelgiebeln wechseln mit Fachwerk, das in schönster Form das ***Deutsche Haus** ❷ (s. S. 52) zeigt. Zu verspielter Holzornamentik in den Gefachen kommt hier noch die Ausgestaltung der Balken mit Figuren oder Rankenwerk. Und hoch oben vom Kranenerker grüßt Weingott Bacchus, auf einem Fäßchen reitend. Die **Schranne** ❸ mit den typischen Renaissanceschnecken im Giebel ist Aufführungsort des historischen Festspiels der *Kinderzech'* (s. S. 53). Das schlichte, ausladende Gebäude des ehemaligen **Spitals** ❹ (erbaut 1599) hat die Sammlung des *Heimatmuseums* aufgenommen: Trachten, Mobiliar aus verschiedenen Jahrhunderten und bäuerliches Gerät sowie Erinnerungsstücke an den Dichter Christoph von Schmid (s. links).
🕓 März–Okt. 10–16 Uhr.

*Dinkelsbühler Gärten*

❶ St. Georg
❷ Deutsches Haus
❸ Schranne
❹ Spital / Heimatmuseum
❺ Kornschranne
❻ Deutschordensschloß
❼ Museum 3. Dimension
❽ Ratsgebäude

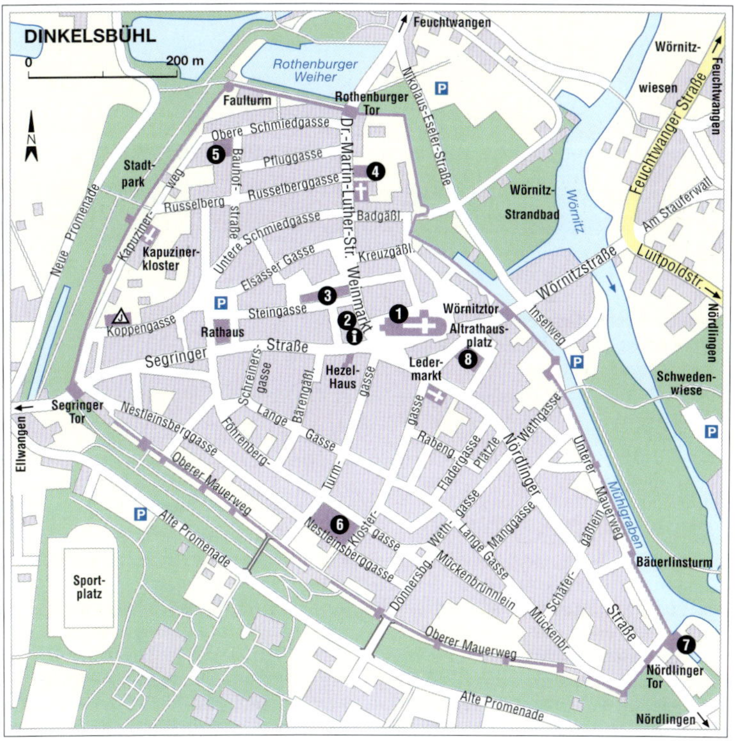

Jenseits des nördlichen Torturms rückt das Ufer des Rothenburger Weihers bis dicht an die Mauerwälle, die sich im Wasser spiegeln und mit Schwänen, Enten und Trauerweiden die Fotoidylle perfekt machen. Ein Mauerdurchlaß kurz vor dem *Faulturm* lenkt den Weg zurück zur Oberen Schmiedgasse.

Eindrucksvoll steigt an der Ecke zur Bauhofstraße der Fachwerk-Kubus der **Kornschranne ❺** auf. „Kasten" nennt man in Franken gemeinhin die Getreidespeicher, und dieser hat fast 500 Jahre auf dem Holz. Ein stiller Weg, vorbei am *Kapuzinerkloster* (13.–16. Jh.) und dem *Kornhaus* (jetzt Jugendherberge) begleitet die westliche Mauer bis zum Segringer Tor. Am Südende der Bauhofstraße wird es dagegen gesellig: Eine Handvoll traditioneller fränkischer Gaststätten lädt die Besucher ein.

Hat man nicht die Zeit, den steinernen Gürtel innerhalb und außerhalb vollständig zu umrunden, so sollte man von der Segringerstraße aus einen Zickzackkurs einschlagen: z. B. durch die Schreinergasse, vorbei am Gasthof *Goldene Gans* zum Oberen Mauerweg, dort rechts durch das Segringer Tor und links in den schattigen Mauerpark, auf Höhe der Turmgasse über eine Grabenbrücke und wieder durch die Mauer, um einen Blick aufs barocke **Deutschordensschloß ❻** mit seiner Rokokokapelle zu werfen (Mitte 18. Jh.), das sich in der Fachwerkumgebung wie ein Fremdkörper ausnimmt. Nicht weit davon steht in der Klostergasse 19 das Geburtshaus Christoph von Schmids.

An der Alten Promenade sollte man das bukolische Bild der Gemüsegärten vor kegelförmigen Türmchen à la Spitzweg keinesfalls versäumen.

Am Nördlinger Tor, dem südlichen Torturm, entführt in der *Alten Stadtmühle* ein kleines **Museum** in die Welt der **Dritten Dimension ❼**. Hier können Sie sich überraschen lassen, welche Tricks die heutige Technik auf Lager hat: Holographien, 3-D-Kunst, Lichtillusionen usw. Die Werbung verspricht „das erste Museum mit Ekstase-Garantie". 🕓 April–Okt. 10–18, Nov.–März Sa, So 11–16, 26. Dez.–6. Jan. tgl. 11–16 Uhr.

Östlich der Stadtmauer fügen sich die Auenwiesen, die flirrenden Lichtreflexe des Mühlgrabens, die gemächlich dahinströmende Wörnitz und die Stadtsilhouette mit dem Bäuerlins-Turm zu Dinkelsbühls zauberhaftester Ansicht.

Die Karpfen in den ringsum liegenden Gewässern setzen den Sommer über „pfundig" Gewicht an, und alljährlich Ende Oktober legen die Speiselokale Spezialkarten zur „Fischerntewoche" auf, die überregional Zuspruch findet.

Wer durch das *Wörnitztor* in die Stadt zurückkehrt, wird gleich am Altrathausplatz vom Löwenbrunnen begrüßt. Im **Ratsgebäude ❽**, das bereits 1361 aufgrund seiner außergewöhnlichen Steinbauweise urkundliche Erwähnung fand, wurden lange Zeit die Geschicke der Stadt entschieden. Heute erinnert nur noch die „Stadtübergabe" bei der Kinderzech' an seine historische Rolle.

## Praktische Hinweise

ℹ Marktplatz, 91550 Dinkelsbühl, ☎ (0 98 51) 9 02 40, FAX 9 0279.
**Tip:** Rund um Dinkelsbühl sind je 4 Rad- und Wandertouren ausgeschildert; Karte beim Verkehrsamt. Geführte Rad- und Fußwanderungen durch: Herbert Ebert, Föhrengasse 7, ☎ 94 80, FAX 34 10.

Ⓗ Ⓡ **Deutsches Haus,** Weinmarkt 3, ☎ 60 59, FAX 79 11. Die Fassade setzte Maßstäbe für Hotel und Küche. $$
**Goldene Kanne,** Segringer Str. 8, ☎ 60 11, FAX 22 81. Modern geführtes Haus mitten in der Altstadt, dennoch ruhig. Restaurant mit bayerischer Küche; sehr persönlicher Service. $
**Weißes Ross,** Steingasse 12, ☎ 22 74, 78 40, FAX 67 70. Die Zimmer liegen u. a. in einer alten Fachwerkscheune, deren Charme ein Umbau zum Vorschein brachte. Fränkisch-kreativ wird im alten Malerheim gekocht, wo eine Malschule die Kunst weiter-

pflegt. Bei gutem Wetter Tische im Freien. (S)

**Gasthof Sonne,** Weinmarkt 11, ☎ 5 76 70, FAX 75 48. Einfach, aber angenehm; sehr beliebte und belebte Terrasse mit Blick auf Bürgerhäuser und St. Georg. Unter derselben Leitung: Pension **Palmengarten,** Untere Schmiedgasse 14. Beide (S)

(R) **Gasthaus Goldene Gans,** Schreinersgasse 11, ☎ 72 28. Ein altes Gasthaus, das seine Ursprünglichkeit bewahrt hat; kleiner Biergarten; leichte, von der südländischen Küche inspirierte Gerichte, So ab 11 Uhr Frühstücksbüffet. Freundliche Atmosphäre. 11.30–14, 19–1 Uhr. (S)

**Goldenes Lamm,** Lange Gasse 26/28, ☎ 22 67, FAX 64 41. Hausmannskost mit frischer Note; auch Zimmer. (S)

(R) Preisgünstige kleine Gerichte guter Qualität in vielen Gasthöfen.

*Kinderzech': Obrist von Sperreuth*

## Kinderzech' und schwedische Gefahr

„Plündern, plündern ..." – grölen die schwedischen Soldaten, als sie durch das Dinkelsbühler Wörnitztor zum Altrathausplatz stürmen. Wildes Hufgeklapper – ein Zucken durchfährt den Rat der Stadt: Wie wenig bedeuten Talare und Ehrenketten vor dem schwedischen Obristen Klaus Dietrich von Sperreuth! Kaum sind ihm die Stadtschlüssel übergeben, erklärt er den Rat für abgesetzt und droht, den Widerstand der Stadt zu rächen. Da wirft sich ein Mädchen vor dem Reiter auf die Knie, zwei Kinder an der Hand, eine Schar hinter sich: Um der Kinder willen möge er Schonung gewähren. Der hartgesottene Recke befieht nun, einen kleinen Blonden zu ihm aufs Pferd zu heben. Nicht der Krieger, sondern der Vater, der kurz vorher einen Jungen verlor und von der Erinnerung überwältigt wird, erhört ihr Bitten um Gnade.

Diesem „Nachspiel" der Stadtübergabe geht in der Schranne das eigentliche Festspiel voraus: die Ratsgespräche anno 1632 um die Preisgabe der Stadt an die Schweden. Die Uraufführung fand 1897 statt; ein halbes Jahrhundert zuvor hatte erstmals ein „kleiner Obrist" in historischer schwedischer Uniform ein Lobgedicht auf die Tapferkeit der Kinder gesprochen, und zwar während eines *Kinderzech'* genannten Schulfestes: Einmal im Jahr (ab 1635 belegt, vermutlich bereits seit 1500) durften Lehrer und Kinder der Lateinschule auf Kosten der Bürger in den Gasthäusern eine Zeche machen. Eine Verbindung zwischen Schule und Fest sind auch die „Gucken", mit Süßigkeiten gefüllte kegelförmige Tüten, die in den Geschäften verkauft werden.

„Altem Herkommen nach" haben an den Schulfesten auch Kindermusikgruppen mitgewirkt, deren zunächst schwedisches Gewand inzwischen von Rokoko-Uniformen mit Zopfperücke und Dreispitz abgelöst wurde: Sie erinnern an die letzte Periode glanzvoller Reichsstadt-Herrlichkeit.

# ** Augsburg

## Handelstradition am Lech

**Natürlich kann man „bloß" zum Einkaufen nach Augsburg fahren, doch für einen Rundgang durch die über zweitausendjährige Stadtgeschichte lohnt es sich erst recht – von A wie Altertum, B wie Brecht, F wie Fugger, M wie Mozart, P wie Puppenkiste ... bis Z wie Zeughaus. Nur einen Steinwurf voneinander entfernt prunken Renaissancepaläste neben schiefen Handwerkerhäuschen, wetteifern welsche Hauben zwischen Rathausplatz und St. Ulrich um die Besuchergunst. Und in den Gartenwirtschaften der jungen Universitäts- und Messestadt gehen die bis ins 16. Jh. zurückreichende Braukunst und schwäbische Hausmannskost eine deftig-feinherbe Verbindung ein.**

Hat man nur einen Tag Zeit, kann es hektisch werden, zwei Tage lassen Luft für Museen und vielleicht eine Kahnpartie. Bleibt man drei Tage, kann man sich auch einmal in den Fuggerschen Wäldern die stadtmüden Füße vertreten. Alle Stadtwege sind so angelegt, daß man zum Schluß mit der Straßenbahn ins Zentrum zurückkommt.

## Geschichte

Seit etwa 500 v. Chr. siedelten am Zusammenfluß von Lech und Wertach keltische Vindeliker, ehe die Römer die spätere Provinz Rätien eroberten und 15 v. Chr. westlich des heutigen Doms ein befestigtes Heerlager entstand. Als „splendidissima Raetiae provinciae colonia", „glanzvolle Hauptstadt der Provinz Rätien", preist Tacitus *Augusta Vindelicorum*. Doch dieser Ort blieb von der Völkerwanderung nicht verschont. Im Laufe des 5. Jhs. besetzten die Alemannen das römische Gebiet.

Die Lage an der Via Claudia, die Rätien mit Italien verband, sollte dem 832 urkundlich genannten *Augustusburc* seinen Wohlstand sichern. Nachdem Bischof Ulrich 955 zum Sieg Ottos I. über die Ungarn beigetragen hatte, entstand als Gegenpol zum kirchlichen Zentrum eine Kaufmannsstadt am Perlach. Kraft seiner Münz-, Zoll- und Marktrechte blieb der Bischof ihr oberster Herr, bis sie 1316 Freie Reichsstadt wurde.

Die Lechweber produzierten Leinen und Barchent, ein einseitig gerauhtes Baumwollgewebe, auch Rüstungen und Waffen aus Augsburg waren begehrt. Besonders mit Venedig florierten die Geschäfte. Die Geschichte der Handelshäuser (s. S. 11), vor allem ihres politischen Einflusses, füllt Folianten. 1519 z. B. entschied eine kräftige Finanzspritze der Fugger die Kaiserwahl für Karl V. gegen Franz I. von Frankreich.

Nachdem sich die Stadt der Reformation angeschlossen hatte, wurde 1530 auf dem Reichstag von Augsburg die *Confessio Augustana* verkündet, die die Grundzüge der protestanischen Lehre beinhaltet. Der Augsburger Religionsfriede vom 8. August 1555 garantierte den Reichsstädten Glaubensfreiheit. Dieser Tag ist bis heute Stadtfeiertag.

Das wohlhabende „Goldene Augsburg" des 15./16. Jhs. bereitete Kunstschaffenden wie Burgkmair, den Holbeins oder Elias Holl fruchtbaren Boden. Selbst nach den schweren Jahren des Dreißigjährigen Krieges erlebte die Stadt bald eine neue Blüte. „Augsburger Geschmack" nannte man den Rokokostil, und die berühmten Goldschmiede belieferten den Zarenhof.

Geschäftssinn und reiche Energieressourcen trieben die Industrialisierung in der Lechstadt Mitte des 18. Jhs. voran. Heinrich von Schüle beschäftigte damals in seiner Kattunmanufaktur bereits 1500 Personen. Mit Georg Haindl (1816–1878), dem Begründer der größ-

*Südländisches Flair erfüllt im Sommer den Rathausplatz*

ten Fabrik für Zeitungspapier, Rudolf Diesel und Wilhelm Messerschmidt schrieb Augsburg im 19. Jh. Technikgeschichte. Durch die Bombennacht 1944, die es in Schutt und Asche legte, wurde die Entwicklung jäh abgeschnitten.

Die moderne Stadt (265 000 Einw.) kämpft besonders mit den Strukturproblemen der Textilindustrie, gewann allerdings durch die Gründung der Universität 1970 und den Ausbau des Messezentrums internationale Attraktivität. Im alten Zentrum hat die Bausanierung den puren Zweckmodernismus der fünfziger Jahre zurückgenommen, um die harmonischen Proportionen früherer Jahrhunderte wiederzuerwecken; auch mit der Öffnung der lange unter Verschluß gehaltenen Lechkanäle in der Altstadt gewann sie urbane Lebensqualität zurück.

## Weg 1

### Zwischen ** Rathaus und Rotem Tor

Am * **Rathausplatz** mit seinen sommerlichen Freiluftcafés oder beim Christkindlesmarkt in der Adventszeit ist die Patrizierstadt ganz besonders attraktiv. Die Kulisse der Fassaden und Zwiebeltürme rund um den * *Augustusbrunnen* kann sich sehen lassen. Er war 1594 ein Geschenk der Stadt an ihre Bürger zum 1600jährigen Stadtjubiläum. Symbolfiguren der vier Augsburger Flüsse – Lech, Wertach, Brunnenbach und Singold – sitzen zu Füßen des römischen Imperators, der seinen Blick dem ** **Rathaus** ❶ zuwendet. Das 1615 bis 1620 von Stadtbaumeister Elias Holl errichtete Renaissancegebäude bezeugt das Selbstbewußtsein der reichsstädtischen Bürgerschaft. Den Giebel über dem Doppeladler krönt der Kiefernzapfen (Pyr). Das Fruchtbarkeitssymbol und Feldzeichen der römischen Legion wurde 1237 ins Stadtwappen aufgenommen. Anläßlich der 2000-Jahr-Feier Augsburgs gelang es, die Mittel zur Wiederherstellung des 1944 ausgebrannten ** *Goldenen Saals* aufzutreiben, der sich über drei Stockwerke erstreckt. Die goldgefaßten Portale und die gemalte Scheinarchitektur an den Wänden, die zu dem komplexen Gefüge prunkvoller Deckenkassetten überleiten, erstrahlen heute wieder in altem Glanz. 🕓 10–18 Uhr.

Als bauliches Gegengewicht zum Rathaus stockte Elias Holl 1614 den * **Perlachturm** um die Häfte auf und krönte ihn mit einer Zwiebel. Sein Sockel, an den sich im Osten *St. Peter*, das Kirchlein der ersten Marktsiedlung, lehnt, stammt wie dieses aus dem 12. Jh. Vom Glockenturm bietet sich ein hervorragender Rundblick über die Stadt. 🕓 Mai–Mitte Okt. 10–18 Uhr.

Das Kloster *Maria Stern* ❷ wurde von Johannes Holl, dem Vater des Stadtarchitekten, 1576 fertiggestellt; das Türmchen schmückte er mit der ersten welschen Haube der Stadt.

In der Südwestecke des Rathausplatzes beginnt die Philippine-Welser-Straße, in der die Welser (s. S. 11) 1511 ihr Stammhaus (Nr. 13) bauen ließen. In zwei Bürgerpalais des 16. Jhs. ist die sehenswerte Sammlung des * **Maximilianmuseums** ❸ (Nr. 24) untergebracht, die Augsburger Geschichte anhand von Stadtmodellen, Hollschen Gebäuden sowie Erzeugnissen des Handwerks beleuchtet. 🕓 Mi–So 10–16 Uhr.

Wenige Schritte weiter fällt am Martin-Luther-Platz der Blick auf die evangelische Kirche * **St. Anna** ❹. Im gleichnamigen Karmeliterkloster wohnte der Reformator, als er 1518 zu einem Treffen mit dem päpstlichen Legaten nach Augsburg gerufen wurde, auf dem er seine Thesen widerrufen sollte. Für die Ausgestaltung der *Fuggerschen Grabkapelle* im Stil der Frührenaissance (1509–1518) bemühte das Handelshaus namhafte Künstler der Zeit, wie Jörg Breu, den bedeutendsten ortsansässigen Maler, oder den Bildhauer Hans Daucher, der die Engelspietà auf dem Altar schuf. Musterbücher aus der Werkstatt Albrecht Dürers lieferten Sebastian Loscher die Vorlage für die vier Grabreliefs, dessen linkes Jakob Fugger den Reichen mit der venezianischen Goldhaube darstellt, der in der Gruft beigesetzt ist. Im Ostchor hängt ein Porträt Martin Luthers von Lucas Cranach (1529). Die Goldschmiedekapelle (Fresken von 1420) diente ursprünglich Pilgern als Betkapelle.

Folgt man der belebten Annastraße ein Stück nach Norden, öffnen sich zur Linken Durchgänge zum **Stadtmarkt.** Feste Stände bieten hier alles, was Gaumen und Augen erfreut (Mi und Sa Bauernmarkt). Die Stelle des Kaufhauses *Kröll & Nill* ❺ nahm früher das Fuggersche Handelshaus „Am Rindermarkt" ein (1488 gebaut; Gedenkplatte links dem Eingang). Im *Mettlochgäßchen* erinnert ein Erker an das Fenster der „Goldenen Schreibstube", der Finanzzentrale der Fugger. Der Name geht auf die goldbelegten Leisten an ihren Zedernholzschränken zurück.

Im Süden mündet die Annastraße auf den Königsplatz, den bereits alte Stadtansichten als Verkehrsknotenpunkt zeigen. Nach 5 Minuten erreicht man die ***Synagoge** (1917, Halderstr. 6–8), die 1985 mit einem Kulturzentrum wiedereröffnet wurde. Der Mittelpunkt des jüdischen Gemeindelebens in Augsburg ist glanzvolles Baudenkmal eines byzantinisch anmutenden Jugendstils. Di–Fr 10–15, So 10–17 Uhr.

Urbanes Flair prägt die lebhafte Bürgermeister-Fischer-Straße, die vom Königsplatz als Fußgängerzone nach Osten führt. Die Karte der *7-Schwaben-Stuben* ($), 11–23 Uhr) im Stammhaus der Brauerei Riegele verrät sofort, daß hier nach Großmutters schwäbischem Rezeptbuch gekocht wird.

Vor dem Moritzplatz zweigt ein Gäßchen ab zum **Zeughaus** ❻, dem ehemaligen Waffenarsenal (1602–1607), an dem Elias Holl nach seiner Ernennung zum Stadtbaumeister seine Fähigkeiten unter Beweis stellte. Neuere Forschungen ergaben, daß die Prachtfassade mit der Michaelsgruppe in Bronze Holls Architektenkollege Joseph Heinz (gest. 1609) entwarf. In den lichten Hallen

*Der Goldene Saal ist das Prunkstück des Rathauses*

*Das Zeughaus – Elias Holls erster Auftrag als Stadtbaumeister*

## Turamichele

Menschenmengen versammeln sich auf dem Rathausplatz vor dem Perlachturm, den Blick leicht nach oben gerichtet auf ein kleines Türchen im breiten Sockelgeschoß. Die Turmuhr von St. Peter schlägt, und heraus fährt das Turamichele, „St. Michael im Turm": Bewehrt mit einer Lanze sticht der Erzengel zu jedem Glockenschlag einmal auf den Leibhaftigen ein. Nicht nur die Kinder zählen laut mit. Seit 1526 hat das alljährlich zum Patronatsfest des Heiligen am 29. September wiederkehrende Schauspiel seinen festen Platz im Augsburger Bürgerleben (11, 12, 16, 17 und 18 Uhr).

des Erdgeschosses finden u. a. Ausstellungen statt.

**St. Moritz ❼**, eine ursprünglich romanisch-gotische Kirche mit barocker Ausstattung, brannte im Zweiten Weltkrieg aus und wurde lediglich in ihrer schlichten Grundstruktur wiederaufgebaut. Auch das *Weberhaus* (14./17. Jh.) gegenüber, einst eines der wichtigsten Zunftgebäude, wurde 1944 ein Raub der Flammen (moderne Fassade). An der Ostseite der Maximilianstraße (Ecke Judenberg) gibt eine unscheinbare Steintafel darüber Auskunft, daß hier das erste Haus von Hans Fugger stand.

Den Sinn der Stadtherren für das Repräsentativ-Symbolträchtige beweisen die Brunnen in der *** Maximilianstraße,** die nach dem Habsburgerkaiser und Geschäftspartner der Fugger benannt wurde. Der *Merkurbrunnen* (1599) nach Entwürfen von Adriaen de Vries sollte Augsburgs internationale Handelsbeziehungen verdeutlichen, galt doch der Götterbote als Schutzherr der Kaufleute. Der Kämpfer gegen die siebenköpfige Hydra auf dem *Herkulesbrunnen* (1602; weiter südlich) hingegen stand für die Stärke der Stadt.

**Fuggerhaus ❽**, Maximilianstr. 36–38. Jakob Fugger der Reiche blieb trotz seines Wohlstands ein sparsamer Schwabe. Daher verzichtete er auf einen kostspieligen Neubau und ließ statt dessen drei Bürgerhäuser in der besten Wohnlage der Stadt zum Familiensitz (1512 bis 1515) umgestalten. Das Habsburger-Wappen über der Toreinfahrt demonstrierte die enge Verbundenheit der Fugger mit dem Kaiserhaus. Der stille **Damenhof* (Zugang wie zum Restaurant *Fuggerkeller* oder durch ein Tor am Zeugplatz) läßt den Straßenlärm ringsum vergessen. Die Renaissancebaumeister inszenierten hier in den Bodenmosaiken und den Marmorplatten der Arkadenzwickel ein harmonisches Wechselspiel von Kreisen und Halbkreisen. Darüber lenkten einst Fresken von Jörg Breu d. Ä. den Blick hinauf zu den Terrakottasäulchen der Galerie.

Besonders im Licht der Morgen- und Mittagssonne entfaltet das *** Schaezlerpalais ❾** (Maximilianstr. 46) seinen Zauber. 1770 erfüllte sich hier der Bankier Liebenhofen seinen Traum von einem luxuriösen Barockpalais und lud zum Eröffnungsball in den prachtvollen *Festsaal* mit Rokoko-Stuck.

1958 kam das Gebäude in den Besitz der Stadt, die darin die *** Deutsche Barockgalerie** einrichtete. Zusammen mit den Werken der *** Staatsgalerie** (im ehem. Katharinenkloster) vermittelt sie einen hervorragenden Überblick über die Malerei des 16.–18. Jhs. Vertreten sind u. a. Hans Holbein d. Ä., Hans Burgkmair d. Ä., Hans Schäufelein (s. S. 78, 80) und Albrecht Dürer mit dem in Augsburg entstandenen Porträt Jakob Fuggers. 🕓 Mi–So 10–16 Uhr.

Schräg gegenüber zweigt die Heilig-Grab-Gasse ab, wo zum Teil noch die Gewölbe der 1611 erbauten *Reichsstädtischen Kaufhalle* sichtbar sind (z. B. in der Bar *Veneto*). Ein Stück weiter östlich säumen schlichte Bürgerhäuser die enge Dominikanergasse. Die frühere *Dominikanerkirche* beherbergt seit 1966 das *** Römische Museum ❿**. Die

❶ Rathaus
❷ Kloster Maria Stern
❸ Maximilianmuseum
❹ St. Anna
❺ Kaufhaus Kröll & Nill
❻ Zeughaus
❼ St. Moritz
❽ Fuggerhaus
❾ Schaezlerpalais
❿ Römisches Museum
⓫ St. Ulrich und Afra
⓬ Heilig-Geist-Spital (Augsburger Puppenkiste, Brunnenmeisterhaus)
⓭ Rotes Tor
⓮ Vogeltor
⓯ Färberhaus
⓰ Holbeinhaus
⓱ Kleine Komödie
⓲ Fuggerei
⓳ Brecht-Gedenkstätte
⓴ Stadtmetzg
㉑ Heilig-Kreuz-Kirchen
㉒ Peutingerhaus
㉓ Dom
㉔ Kleiner Goldener Saal
㉕ Mozarthaus
㉖ St. Gallus
㉗ Stoiniger Ma

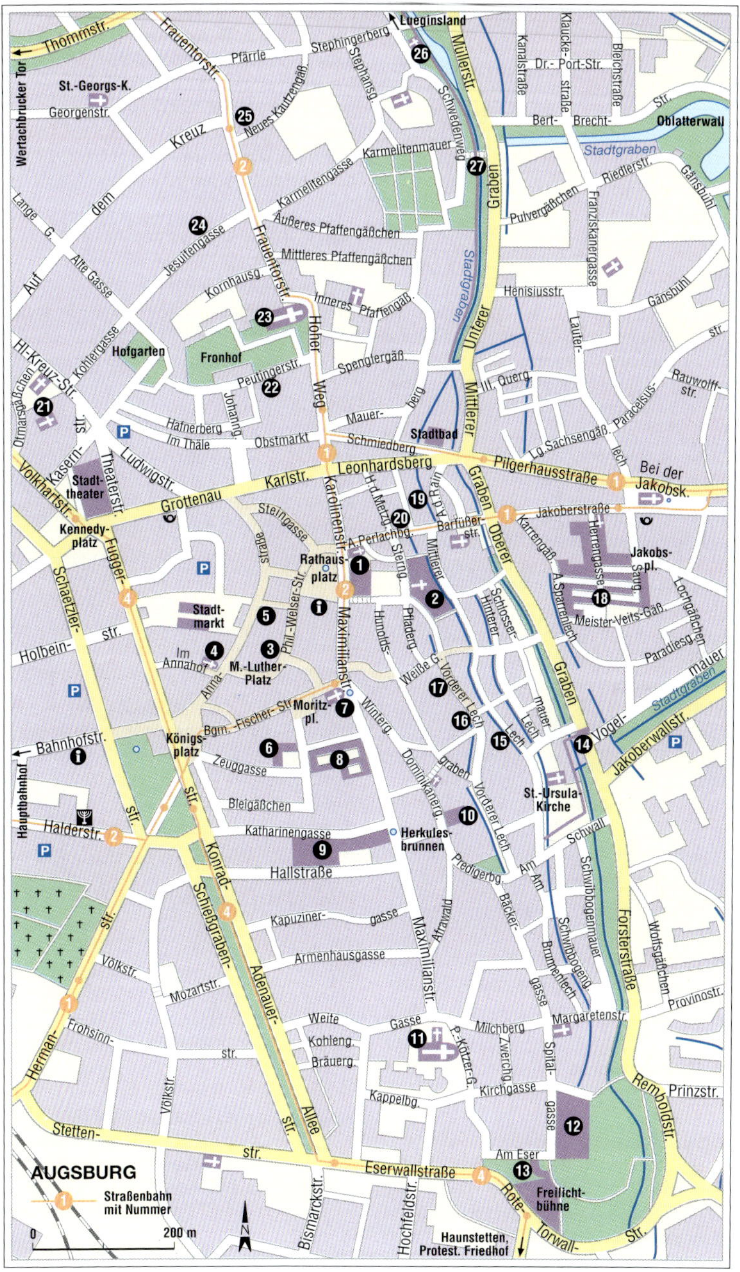
AUGSBURG
Straßenbahn mit Nummer
0
200 m
N
Lueginsland
Thommstr.
Wertachbrucker Tor
St.-Georgs-K.
Georgenstr.
Frauentorstr.
Pfärrle
Stephingerberg
Stephansg.
Neues Kautzengäß.
Kreuz
dem
Lange G.
Auf
Alte Gasse
Karmelitengasse
Karmelitenmauer
Schwedenweg
Müllerstr.
Kanalstraße
Klaucke-straße
Dr.-Port-Str.
Bleichstraße
Bert-Brecht-Str.
Oblatterwall
Stadtgraben
Riedlerstr.
Gänsbühl
Pulvergäßchen
Franziskanergasse
Unterer Graben
Äußeres Pfaffengäßchen
Mittleres Pfaffengäßchen
Inneres Pfaffengäß.
Jesuitengasse
Kornhausg.
Hoher Weg
Henisiusstr.
Lauter-
Hofgarten
Fronhof
Kohlergasse
Hl.-Kreuz-Str.
Otmarsgäßchen
Peutingerstr.
Spenglergäß.
III. Querg.
Rauwolffstr.
Paracelsus-str.
Hafnerberg
Im Thäle
Johanng.
Mauerberg
Obstmarkt
Schmiedberg
Stadtbad
Mittlerer Graben
Lg. Sachsengäß.
Kasernstr.
Theaterstr.
Ludwigstr.
Stadttheater
Volkhartstr.
Grottenau
Karlstr.
Leonhardsberg
Pilgerhausstraße
Bei der Jakobsk.
Jakoberstraße
Kennedyplatz
Steingasse
straße
Karolinenstr.
H.d.Metzg
A.d.Rain
Barfüßerstr.
Oberer Graben
Karrengäß.
Herrengasse
Jakobs-pl.
A.-Perlachbg.
Rathausplatz
Mittlerer
Fuggerstr.
Schaetzlerstr.
Stadtmarkt
Phil.-Welser-Str.
Maximilianstr.
Hunoldsg.
Pfladerg.
Schlosser-
Hinterer
A.-Sparrenlech
Meister-Veits-Gäß.
Lochgäßchen
Saug.
Holbeinstr.
Im Annahof
M.-Luther-Platz
Annastr.
Paradiesg.
Weiße G.
Vorderer Lech
Stadtgraben
Jakobermauer
Moritzpl.
Bgm.-Fischer-Str.
Winterg.
Mittlerer Lech
Lech
Vogel-
Jakoberwallstr.
Bahnhofstr.
Königsplatz
Zeuggasse
Dominikanerg.
graben
St.-Ursula-Kirche
Hauptbahnhof
Bleigäßchen
Halderstr.
Katharinengasse
Herkulesbrunnen
Vorderer Lech
Schwall
Hallstraße
Konrad-
Predigerbg.
Am
Schwibogenmauer
Forsterstraße
Schießgraben-
Kapuzinergasse
Afrawald
Bäcker-gasse
Schwibbogeng.
Brunnenlech
Wolfsgäßchen
Armenhausgasse
Völkstr.
Mozartstr.
Adenauer-
Maximilianstr.
Provinostr.
Frohsinnstr.
Weite Gasse
Kohleng.
Bräuerg.
Milchberg
Zwerchg.
P.-Kötzer-G.
Margaretenstr.
Spitalgasse
Herman-str.
Völkstr.
Kappelbg.
Kirchgasse
Prinzstr.
Remboldstr.
Allee
str.
Stetten-str.
Am Eser
Eserwallstraße
Freilichtbühne
Rote-Torwall-Str.
Bismarckstr.
Hochfeldstr.
Haunstetten, Protest. Friedhof

lichtdurchflutete zweischiffige Hallenkirche des 16. Jhs. wurde später barockisiert (Stuck Gebrüder Feichtmayr). Die Exponate reichen von Faustkeilen der Jungsteinzeit (4000–1800 v. Chr.) über keltische Goldschalen und Bronzegefäße (9. Jh. v. Chr.) bis zu Glaswaren und Grabmälern der Römerzeit. Eines der schönsten Stücke ist ein ******Pferdekopf* aus vergoldeter Bronze (Relikt eines Marc-Aurel-Reiterstandbilds, 2. Jh.). 🕓 Mi–So 10–16 Uhr.

Die Maximilianstraße endet an der evangelischen Pfarrkirche *St. Ulrich.* Sie wurde Mitte des 15. Jh. als Predigtsaal einer Benediktinerabtei erbaut, deren Gründung auf frühe Wallfahrten zum Grab der hl. Afra zurückgeht. Die Römerin soll dort um 304 den Märtyrertod gestorben sein.

1477-1500 entstand die Hauptkirche des Konvents, das mächtige gotische Münster ***St. Ulrich und Afra ⓫**. Die erste Ausstattung fiel protestantischen Bilderstürmern zum Opfer, wurde jedoch ab 1600 prachtvoll erneuert. In warmem Goldton strahlen im Chor drei Schnitzaltäre von Johannes Degler: Anbetung der Könige, Auferstehung Christi und Pfingstwunder (17. Jh.). Herb wirkt dagegen der Kreuzaltar von Hans Reichle und Wolfgang Neidhart (Meister des Merkurbrunnens). Grabkapelle und Gruft der Heiligen Afra und Ulrich befinden sich in der *Unterkirche.*

Peter-Kötzer- und Kirchgasse führen hinunter zum ehemaligen **Heilig-Geist-Spital ⓬** von Baumeister Elias Holl. Hier in der Spitalgasse 15 spielt die *Augsburger Puppenkiste* (s. S. 63).

Durch einen stimmungsvollen Arkadenhof gelangt man zum **Brunnenmeisterhaus** mit dem *Schwäbischen Handwerkermuseum.* 🕓 Mo, Di 9–12, Mo–Fr 14–18, So, Fei 10–18 Uhr. Es liegt am alten Handwerkerweg durch die Lechvorstadt. Die Brunnenmeister spielten eine bedeutende Rolle als Architekten der Wassertürme und technische Pioniere, die die Oberstadt bis hinauf nach Heilig Kreuz mit Wasser versorgten.

Ein Graben (1611) unterstrich einst die Wirkung des **Roten Tors ⓭**, des Haupttors an der früheren Reichsstraße nach Italien (1621/22 von E. Holl neu gestaltet). Tor und Wehrmauern werden alljährlich im Juni/Juli zur romantischen Bühnenkulisse für das Musiktheater der *Freilichtbühne Am Roten Tor.*

Die Straßenbahnlinie 4 fährt vom Roten Tor stadteinwärts zum Königsplatz und Stadttheater. Sie können dort bei den Kirchen Heilig Kreuz ㉑ mit Weg 3 fortfahren oder am Königsplatz in die Linie 2 zum Dom ㉓ oder in die Linie 1 zur Fuggerei ⓲ umsteigen.

## Weg 2

### Durch das Lechviertel zur Fuggerei

Am Roten Tor nimmt ein verzweigtes Kanalnetz durch die Unterstadt seinen Ausgang, das früher Gerber, Schmiede, Schäffler oder Müller mit Wasser versorgte. Eine Broschüre des Verkehrsamts gibt Auskunft über Öffnungszeiten alter Werkstätten am sogenannten *Handwerkerweg.* Zunächst bietet sich ein Spaziergang durch den Park östlich des Roten Tores an.

Danach geht es zurück zur *Bäckergasse,* wo der Kanal wieder offen fließt und Elias Holl im Haus Nr. 21 geboren wurde. Am Schwall bewegt das Wasser ein mächtiges Schaufelrad unterhalb des **Vogeltors ⓮** von 1445, und am Mittleren Lech 48 ist noch ein altes **Färberhaus ⓯** (16./17. Jh.) zu sehen. Typisch sind die offenen Giebel und Galerien zum Trocknen der Häute oder Stoffe. Am Vorderen Lech Nr. 20 steht das wieder aufgebaute **Holbeinhaus ⓰**, 1496–1516 Domizil des Malers Hans Holbein d. Ä., dessen Sohn (s. S. 16) hier im Winter 1497/98 geboren wurde. Die **Kleine Komödie ⓱** spielt im Rokokopalais der Tuchhändlerin Gignoux (1785), einer Mozart-Gönnerin. Das Gasthaus *Bauerntanz* ($) schräg gegenüber hat seinen volkstümlichen Charakter unverfälscht bewahrt. Rechts daneben gelangt man durch das enge Kuttlergäßchen zum Oberen Graben.

**** Fuggerei** ⓲. Beim Eingang am Sparrenlech weisen zwei Lilien neben dem schweren Portal auf den Bauherrn hin: Eine Stiftung Jakob Fuggers (s. S. 11) ermöglichte 1516–1519 den Bau der mauerumschlossenen ältesten Sozialsiedlung Deutschlands (für alte, unverschuldet mittellose Augsburger katholischen Glaubens). Entlang schmaler Gassen reihen sich 53 schmucke Häuschen mit Vorgärten. Für die Wohnungen war einst eine symbolische Jahresmiete von einem rheinischen Gulden zu entrichten, die heute 1,72 DM beträgt. Die originale Ausstattung der Behausungen zeigt das *Fuggereimuseum* in der Mittleren Gasse 13. 🕓 März–Okt. 9–18 Uhr, Nov. nur Sa, So. Die Kirche entwarf Holls Vater Hans.

*Die Fuggerei ist die älteste Sozialsiedlung Deutschlands*

Folgt man der Jakober- und Barfüßerstraße stadteinwärts, bietet sich ein Besuch der *** Brecht-Gedenkstätte** ⓳ im Geburtshaus des Schriftstellers an (Auf dem Rain 7, bis Anf. 1998 geschl.). Aufgewachsen ist der berühmteste Literat der Stadt (s. S. 19) in der Bleichstraße 2 (Brecht-Haus) nahe dem *Oblatterwall*.

*St. Ulrich beherrscht im Süden die Silhouette der Stadt*

Der Kolossalbau des **Stadtmetzg** ⓴ (1609) mit seiner von Elias Holl gestalteten Fassade beherrscht zur Rechten den schmalen Perlachberg. Damals wurde der Stadtbach als Abwasserkanal und zur Kühlung unmittelbar unter der alten Schlachthalle durchgeleitet. Von hier aus ist man in 5 Gehminuten zurück am Rathausplatz.

## Weg 3

### Rund um den Dom

Auf dem Weg durch die Steingasse, Grottenau und Ludwigstraße hinauf zu den **Heilig-Kreuz-Kirchen** ㉑ kann man Schaufensterbummel und kunsthistorische Einstimmung miteinander verbinden. Die spätgotische, später barockisierte *katholische Kirche* wurde im Krieg vollständig zerstört und 1948/49

*Antiker Pferdekopf aus vergoldeter Bronze (Römisches Museum)*

wieder aufgebaut. Von ihren großartigen Kunstschätzen blieb nur wenig erhalten, darunter ein Altarbild der Himmelfahrt Mariens von Peter Paul Rubens. Wo sich heute die *evangelische Pfarrkirche* (17. Jh., Umbau im Rokokostil) erhebt, war 1525 die erste protestantische Predigerkirche entstanden.

Idyllische Ruhe erwartet die Besucher im kleinen *Hofgarten* der ehemaligen Bischöflichen Residenz zwischen Gnomen und Büsten des Rokoko. Auch der *Fronhof* wirkt vor der edlen Front des Palasts (heute Sitz der Regierung von Schwaben) wie ein Schloßpark.

Historisch interessant ist das **Haus Konrad Peutingers ㉒**, Peutingerstr. 11. 1518 war hier Martin Luther zu Gast, dessen Feldzug gegen den Ablaßhandel der Humanist unterstützte.

In einer Art Freilichtmuseum hat man an der *Römermauer* Funde aus der ersten Ansiedlung zusammengetragen. Unweit liegen die Reste einer Taufbrunnenanlage (6. Jh.) und einer Taufkirche (10. Jh.). Sie waren Vorläufer des ***Doms St. Maria ㉓**, dessen gotisches Äußeres einen romanischen Kern verbirgt. Ein figürlich überaus fein ausgearbeitetes Portal (im Bogenfeld Szenen des Marienlebens und Jüngstes Gericht) sowie einzigartige * *Bronzetüren* (11. Jh.) mit einem Bildprogramm des Alten Testaments geleiten die Besucher von Süden her ins Innere. Hoch oben in der Südwand des Mittelschiffs fällt das Licht durch vier farbige ** *Glasfenster* (um 1130, Darstellungen der Propheten), die zu den ältesten in Deutschland zählen. Vier schöne Altarbilder (Marienleben) an den östlichen Arkadenpfeilern stammen von Hans Holbein d. Ä.

Bei Konzerten öffnen sich die Türen zum **Kleinen Goldenen Saal ㉔** (Jesuitengasse 12) im früheren Jesuitenkloster, das von Matthäus Günther und J. M. Feichtmayr opulent ausgestattet wurde. Das Wirken Leopold Mozarts (1719 hier geboren) und seines Sohnes Wolfgang Amadeus dokumentiert das ***Mozarthaus ㉕**, Frauentorstr. 30.

Abschließend bietet sich ein Spaziergang entlang der Stadtmauer an: Vor dem Fischertor nach rechts durch die Grünanlagen zur *Bastion Lueginsland* und weiter nach Süden, vorbei an *St. Gallus* ㉖ (16. Jh.), wo der von der Todesstrafe bedrohte Luther 1518 durch ein Türchen in der Stadtmauer entkommen konnte. An eine Begebenheit des Dreißigjährigen Kriegs erinnert der **Stoinige Ma ㉗** an der Schwedenstiege. Während einer Belagerung Augsburgs durch die Schweden soll ein Bäcker vom offenen Wehrgang aus dem Feind trotzig einen Laib Brot gezeigt haben, als in der Stadt akute Hungersnot herrschte. Eine Salve tötete den Mutigen, doch der Feind zog in dem Glauben ab, daß die Vorräte noch lange nicht erschöpft seien. Am nahegelegenen *Oblatterwall,* einer Bastion aus dem 14. Jh., lädt bei schönem Wetter ein Bootsverleih zur Kahnpartie auf dem ehemaligen Stadtgraben ein.

## Praktische Hinweise

ℹ Bahnhofstr. 7, 86150 Augsburg, ☎ (08 21) 50 20 70, Fax 5 02 07 45; Rathausplatz, ☎ 5 02 07 24. Regelmäßig Stadtführungen zu verschiedenen Themen. Der „Erlebnispaß" (20 DM) beinhaltet u. a. den Eintritt für zehn Museen, Zoo und Botanischen Garten, ein Tagesticket für die öffentl. Verkehrsmittel und eine Stadtführung.

### Hotels

**Dom-Hotel** (garni), Frauentorstr. 8, ☎ 15 30 31, Fax 51 01 26. Moderne Zimmer in der früheren Dompropstei. Stiller Garten an der Stadtmauer. $$

**Steigenberger Drei Mohren,** Maximilianstr. 40; ☎ 5 03 60, Fax 15 78 64. Luxus unmittelbar neben dem Fuggerhaus. Bistro mit Pariser Flair. $$$

**Augsburger Hof,** Auf dem Kreuz 2, ☎ 31 40 83, Fax 3 83 22. Komfort in historischen Mauern. $$-$$

**Ibis beim Hauptbahnhof,** Halderstr. 29, ☎ 5 01 60, Fax 5 01 61 50. Modernes, großzügig gestaltetes Stadthotel im Zentrum. $

## Restaurants

**Fuggerkeller,** Maximilianstr.38, ☎ 51 62 60, 🕓 11.30–15, 18–24 Uhr, So, Fei nur mittags. Feine deutsche Küche und schwäbische Spezialitäten im ehrwürdigen Kellergewölbe. $$
**Welser-Kuche,** Maximilianstr. 83, ☎ 9 61 10, Hier wird wie vor 450 Jahren ein Bürgermahl nach Rezepten von Philippine Welser (s. S. 11) aufgetischt. Reservierung erforderlich. $$
**Annapam,** Bäckergasse 23, ☎ 51 15 81. Behutsam modernisiertes, gemütliches Wirtshaus mit italienisch inspirierter Küche. Kleiner Garten. $
**Bräustüble „Goldene Gans",** Weite Gasse 11, ☎ 51 22 66. In schlichten Räumen und im schattigen Biergarten wird vorwiegend phantasievoll Vegetarisches serviert. Salatbuffet. 🕓 11 bis 14, 18–23 Uhr, So, Fei geschl. $
**Bauerntanz,** Bauerntanzgäßchen 1, ☎ 15 36 44. Augsburgs ältestes Gasthaus serviert typisch Schwäbisches. $

*Meisterliche Gotik: der Dom*

*Kahnpartie am Oblatterwall*

## Jim Knopf und die wilde 13

Zehn Frauen und Männer ziehen die schwarzen, meist 250 cm langen Fäden. Sie sind um die 30. In der Regel sechsmal pro Woche läßt die neue Spielergeneration der Augsburger Puppenkiste Kasperle, Dr. Faustus, Frau Holle, Löwe, Urmel und all die anderen Märchenlieblinge über die 1,15 x 2,60 m große Bühne hopsen, stolpern, fliegen ...

Das 1948 von Walter Oehmichen und seiner Frau Rose gegründete und seit 1953 auch aus dem Fernsehen bekannte Holzkopfensemble umfaßt mittlerweile an die 5000 der Gliederwesen aus mehr als 120 Stücken. Die Mitglieder der Spieltruppe haben alle drei Jahre lang gelernt, die Fäden am Spielkreuz zu führen – Fäden für die Füße vorne und hinten, Knie, Hände, Schultern, Kopf, bei manchen Puppen sogar für einen Schwanz oder wehende Mäntel. Danach, so Theaterleiter Klaus Marschall, dauert es weitere drei Jahre, um die Technik „zu vergessen" und der gerade mal einen halben Meter großen Puppe Persönlichkeit geben zu können.

Die Puppenkiste hat inzwischen auch New Yorker Luft geschnuppert – bei der Produktion ihres ersten Kinofilms: „Die Story von Monty Spinnerratz", einer Kanalratte im Untergrund Manhattans.

Im jährlich neu aufgelegten Kabarett mit 40 Bildern treten weit über 100 Marionetten auf, von der Balletteuse bis zum Politiker. Rund ein Dutzend Puppenführer setzen dann ihr Können zu einer witzigen mitreißenden Abendshow um. Nicht nur dafür lohnt es sich, geduldig die Reservierung für einen der 222 Plätze zu versuchen.

Spitalgasse 15, ℹ ☎ 3 24 49 76. *Nur* telefonische Kartenbestellung Di–So 10–12 Uhr, ☎ 43 44 40, bis 14 Tage im voraus; Bühnenkasse 1 Std. vor Vorstellungsbeginn.

# Route 1

Seite 67

## Fachwerk, Riemenschneider und ein Schloß

**Würzburg – *Tauberbischofsheim – Lauda-Königshofen – *Bad Mergentheim – *Weikersheim – Creglingen – ***Rothenburg o. d. T. (110 km)**

**Tauberfranken ist grün, waldreich und zugleich eine heitere Weinlandschaft. Renovierungen bringen in den Dörfern wieder das Fachwerk zum Vorschein, mitunter präsentiert es sich sogar knallig bunt. Der Mut der Stadtväter zur Verkehrsberuhigung hat Tauberbischofsheim und Bad Mergentheim ein Stück Gelassenheit zurückgewonnen. Cafés und Gasthäuser rücken wieder Stühle an die Straße und laden ein, die lebendige städtische Atmosphäre zu genießen. Einige künstlerische Kleinode wie Riemenschneiders Marienaltar in Creglingen oder Schloß Weikersheim verbergen sich in unerwartet bedeutungsarmen Orten. Dort war nach kurzer wirtschaftlicher Blüte die Zeit stehengeblieben, und heute bemüht man sich, mit Kleinindustrie Arbeitsplätze zu schaffen. Daher ist das Panorama nicht immer idyllisch, doch die Schlängelstrecke zwischen Creglingen und Rothenburg, mit ihren Weinhängen, Streuobstwiesen und den Tauberauen, zählt zu den schönsten der gesamten Romantischen Straße. Als Übernachtungsort für die Zweitagestour empfiehlt sich Bad Mergentheim.**

Von Würzburg nach Tauberbischofsheim darf es statt der Originalstrecke auf der Bundesstraße 27 die Autobahn (A 3/A 81) sein, zumal sie durch eine abwechslungsreiche Waldlandschaft führt und einen Blick aus der Vogelperspektive auf das erste Ziel gewährt:

***Tauberbischofsheim** (14 000 Einw.), 33 km. Die Olympioniken des erfolgreichen Bundesleistungszentrums Fechten haben das Städtchen ins Rampenlicht gerückt; aber auch seine gepflegte Architektur kann sich sehen lassen. Altes Fachwerk mit doppelschwänzigen Nixen erinnert auf dem Spaziergang von der Tauberbrücke durch die Hauptstraße zum Marktplatz an die Nähe zum Fluß, ebenso die Hochwassermarkierungen (z. B. an Haus Nr. 12). Barock herausgeputzt zeigt sich das *Haus des Weinhändlers Bögner* (1744). Es bildet das Entree des bunten Ensembles alter Häuser vor dem neugotischen *Rathaus* (1866; ⓘ). Auch die Gebäude rund um die Pfarrkirche (Anf. 20. Jh.) stammen meist aus früherer Zeit. *St. Martin* besitzt einen Marienaltar aus der Werkstatt Riemenschneiders (linker Seitenaltar) und sehenswerte Altäre (18. Jhs.).

Eine drastische Darstellung des Jüngsten Gerichts bei der *Sebastianuskapelle* (1476), dem ehemaligen Beinhaus südlich des Chors, gemahnte die Gläubigen an frommem Lebenswandel. Auf dem * *Schloßplatz* vor dem *Kurmainzischen Schloß* dreht sich das Rad der Geschichte. Seit den Tagen des Missionsbischofs Bonifatius, als der Ort nach einer Schenkung „Bischofsheim“ wurde (725), gehörte das Gebiet zum Erzstift Mainz – daher das Mainzische Rad im Stadtwappen. Die Kirchenfürsten vom Rhein veranlaßten auch erste Befestigungen. Das ältestes Relikt, der *Türmersturm* (1250), wurde zum Wahrzeichen der Stadt. Die Schloßgebäude (14.–16. Jh.) sind als *Landschaftsmuseum* zugänglich, das die frühe Siedlungsgeschichte beleuchtet, außerdem Wohnkultur im Wandel der Zeit (🕓 Di bis Sa 14.30–16.30 Uhr, So, Fei auch 10–12 Uhr). Ein wenig Burgatmosphäre mit Blick auf die alte Stadtmauer vermitteln der Biergarten **Torwächter** und das nette kleine Restaurant **Zum alten Türmle,** ☎ 77 91. Schwäbisch-fränkische Küche; abends reservieren. Ⓢ

ⓘ Marktplatz 8, 97941 Tauberbischofsheim, ☎ (0 93 41) 8 03 13, FAX 8 03 89.

1

Seite 67

Kunsthistorisches Interesse wird auf der weiteren Strecke das Tempo bremsen. Als erstes warten in **Distelhausen** eine unter der Regie Balthasar Neumanns errichtete *Dorfkirche* (1731) und auf dem Kirchhof ein schöner *Bildstock*. In **Gerlachsheim** schwelgt die ehemalige Kirche des Prämonstratenserklosters in verschnörkelten Stukkaturen des Barock und Rokoko. Würzburgs Alte Mainbrücke und ihre Statuen könnten Vorbild für die Brücke über den Wittigbach gewesen sein. Ihm folgt eine landschaftlich anmutige Straße (5,5 km) nach **Grünsfeld**, an dessen * *Fachwerkrathaus* sich bunte Schnitzfiguren tummeln.

Die romanischen Anfänge des Kirchenbaus werden in der * *Achatiuskapelle* von **Grünsfeldhausen** (2 km) sichtbar: zwei unter einem Turm verbundene Oktogone aus der Zeit der Kreuzzüge (12. Jh.; im Chor originale Wandmalereien). Dieselbe Entstehungszeit wird für die gleichfalls achteckige *Sigismundkapelle* in **Oberwittighausen** angegeben (östl. des Dorfes; Schlüssel im Ort). Bizarre Phantasiewesen über einem Sternenbogen begrüßen dort den Besucher.

*Fachwerk in Tauberbischofsheim*

*Wie hier bei Lauda sieht man überall an der Tauber Bildstöcke*

## Madonnenländle – jedem Weinberg seine Heiligen

Nicht nur, daß im Mittelalter die Kultur der Reben in den Händen frommer Mönche lag. Die tief gläubige Bevölkerung verehrte einen ganzen Reigen von Schutzheiligen und widmete ihnen Andachtsstätten in Feld und Flur. Noch heute sind die Bildstöcke ein augenfälliges Merkmal der unteren Tauberländer Kulturlandschaft, vor allem ihrer Weingärten. Parallelen finden sich im Maingebiet, sogar Riemenschneiders Werkstatt wird ein ausdrucksstarkes Exemplar, die „Graue Marter" (1511) in Gerlachshausen (südlich Volkach), zugeschrieben. Im Zuge der Gegenreformation rückte der Marienkult in den Vordergrund. Der Deutsche Orden gehörte ebenso wie der Würzburger Fürstbischof Julius Echter und seine Nachfolger zu seinen Förderern, und allein im Taubertal, dem „Madonnenländle", kennt man an die 500 Marienbilder. Der Bildstock bei der Pfarrkirche von *Distelhausen* entspricht dem Idealbild Mariens in barocker Ausprägung: Die Lilie in ihrer Hand symbolisiert die Reinheit, zugleich steht sie auf der Schlange, dem Sinnbild der Erbsünde. In *Röttingen* stehen allein zehn Bildstöcke im Ort, zusammen mit denen der Nachbargemeinden Tauberrettersheim, Strüth, Bieberehren und Aufstetten sind es rund hundert, die auf einer *Bildstockwanderkarte* verzeichnet sind.

1

Seite 67

**Lauda-Königshofen** (15 000 Einw.) bildet mit seinen Fachwerkbauten, dem barocken Rathaus und seinen Kirchen (16.–19. Jh) ein Ensemble, wie es für die beiden Amtsstädtchen der Würzburger und kurmainzischen Bischöfe angemessen war. In Lauda öffnet ein liebevoll als *Heimatmuseum* gestaltetes Winzerhaus aus dem Jahr 1551 seine Türen den Besuchern (⏲ April–Okt. So, Fei 15–17 Uhr, ☎ 0 93 43/45 17).

Ⓡ Der **Alte Bahnhof** in Edelfingen ist einen Abstecher wert. Züge halten hier nicht mehr, doch im modern restaurierten Sandsteingebäude sowie im Biergarten werden schmackhafte regionale und italienische Gerichte serviert.
☎ (0 79 31) 5 13 43; Di geschl. Ⓢ

Am Anfang war das Wasser, heißt es in ***Bad Mergentheim,** 49 km. Bereits die Kelten sollen die 1826 von einem Schäfer wiederentdeckten heilkräftigen Bittersalzquellen genutzt haben. 1829 war das Brunnen- und Badhaus fertiggestellt, 1926 wurde der Ort zum Bad erhoben und war bald populäres Ziel.

Bedeutend war Mergentheim seit dem 13. Jh. als Sitz des Deutschen Ordens. 1525 beschloß der Hochmeister Wolfgang Schutzbar, den Tauberort zur Residenz auszubauen. So wuchs die Wasserburg zum mächtigen * *Renaissanceschloß* heran, dessen Schlußakzent eine Kirche nach Entwürfen von Balthasar Neumann bildete.

Mit Abschluß der Renovierung 1996 eröffnete in den historischen Räumen ein hochinteressantes ** *Museum.* Der Ort selbst gab das Thema „Deutscher Orden“ vor; außerdem sind hier eine Sammlung alter Puppenstuben, Stadtmodelle, Memorabilia des schwäbischen Dichters Eduard Mörike (1844 bis 1851 in Mergentheim ansässig) und die ehemaligen Repräsentationsräume des Schlosses zu besichtigen. In der Nordwestecke (nahe der Kasse) windet sich über vier Stockwerke die geniale *Berwart-Treppe* (1544) um sieben gedrehte Säulchen, zwischen denen man eine Sonne an der Decke des obersten Geschosses sieht. ⏲ Di–So 10–17 Uhr, Führungen Do, So, Fei 15 Uhr.

Zur Entspannung vor historischer Kulisse gibt es zwei Möglichkeiten: das *Café im Schloßgarten* oder das jenseits des Burggrabens gelegene *Schloßcafé.* Gleich nebenan wird in der *Alten Münze* (des Deutschen Ordens) schwäbische Küche mit saisonalen Spezialitäten aufgetragen (s. S. 67).

Als lebendige Fußgängerzone verbindet die Burgstraße Schloß und * *Marktplatz.* Wolfgang Schutzbar, genannt Milchling, schaut dort von seinem Brunnenpodest in die Runde – zu seiner Rechten das *Rathaus* (1564), dessen Bau auf seine Initiative zurückgeht, halb rechts das Wohnhaus Mörikes und zu seiner Linken die wohlproportionierten Zwillingshäuser eines Kaufmanns und eines Knopfmachers aus dem 18. Jh. (heute Verkehrsamt und Apotheke). 500 Jahre zuvor hatte man auf älteren Fundamenten mit dem Bau des *Münster St. Johannes* begonnen. Einige Wandmalereien stammen noch aus der Anfangszeit, andere aus dem 16. Jh. Hier und in der *Marienkirche* am Südende des Marktplatzes befinden sich Grabstätten der Ordensritter. Das schönste Grabmal gab der (1543 verstorbene) Deutschmeister Walther von Cronberg 1539 bei Peter Vischer d. J. in Nürnberg in Auftrag, der damals bedeutendsten deutschen Gießhütte.

Nördlich des Münsters führt der *Pfarrgang* zurück zur Burg – vorbei am Johanniterhof, wo im 8. Jh. vermutlich ein karolingischer Königshof stand. Sehenswert ist hier ein altes Fachwerkhaus, dessen Struktur durch die Verglasung der Gefache transparent wird (Einrichtungshaus „Die WohnKultur“).

ⓘ Marktplatz 3, 97980 Bad Mergentheim, ☎ (0 79 31) 5 71 35, FAX 5 73 00. Material über Wander- und Radstrekken in der Umgebung. – *Fahrradverleih* am Bahnhof und in den Hotels.
Ⓗ Ⓡ **Victoria,** Poststr. 2–4. ☎ 59 30, FAX 59 35 00. Gediegener Luxus und Eleganz. Michelin verlieh der Zirbel-

Seite 67

stube einen Stern (⏲ tgl. außer So, Mo, Fei). Lässiges Bistro. $$

Silencehotel **Bundschuh,** Cronbergstr./ Milchlingstr.24-28, ☎ 93 30, ℻ 93 36 33. 10 Gehmin. zum Zentrum; nostalgisch angehauchte moderne Ausstattung. Knackige Frische ist die Devise des Kochs. $$-$$$

**Alte Münze** (garni), Münzgasse 12, ☎ 56 60, ℻ 56 62 22. Moderne Zimmer. Zum Haus gehört die gleichnamige Gaststätte mit Weinkeller gegenüber dem Schloß. Hausmannskost in rustikalen Räumen. $$

**Landgasthof Rummler,** 10 Automin. vom Zentrum, Neunkirchen, Althäuser Str. 18, ☎ 4 50 25, ℻ 4 50 29. Liebenswert geführt; köstliche einheimische Gerichte; Biergarten unter alten Kastanien; abends reservieren. $$

*Das Deutschordensschloß in Bad Mergentheim*

1

Seite 67

**Gästehaus Birgit,** 5 km östl., Ortsteil Markelsheim, Scheuerntorstr. 25, ☎ 9 09 00, Fax 90 90 40. Neu und modern. $

Das Dorf **Stuppach** (6 km südl. von Bad Mergentheim) ist lediglich aufgrund seiner ** *Madonna* ein Begriff, eines Grünewald-Gemäldes von 1519, das lange Zeit Rubens zugeschrieben wurde. Das Mittelstück eines Aschaffenburger Altars kam auf abenteuerlichen Wegen hierher. 1809 blieb es mit diversem Gerümpel auf dem Dachboden des Mergentheimer Schlosses zurück und wurde 1812 vom Dorfgeistlichen erworben. Hundert Jahre später entdeckten Experten unter der geschmäcklerischen Übermalung des 19. Jhs. das Original von Mathias Grünewald. Maria sitzt in einem Paradiesgärtchen vor einer gotischen Kathedrale. Die transparenten Kaseinfarben ermöglichten einen mehrschichtigen Farbauftrag, der dem Bild bemerkenswerte Farbtiefe verleiht. 🕓 März–April 10–17, Mai bis Okt. 9–17, Nov.–Febr. 11–16 Uhr.

Höchst irdische Genüsse pflegten die Fürsten von Hohenlohe in ***Weikersheim** (7000 Einw.), 74 km. 1156 erstmals als Stammsitz des Adelshauses erwähnt, erhielt der Ort bereits 1313 durch Kaiser Ludwig den Bayern das Stadtrecht. Erst Graf Wolfgang II. ließ ab 1587 ein prächtiges ** *Renaissanceschloß* errichten, dessen Glanzstück die freitragende, im Dachstuhl aufgehängte Kassettendecke des 40 m langen *Rittersaals ist. Und weit früher als in Versailles kannte man hier Toiletten bei den Schlafgemächern. Wolfgangs Nachfahren setzten sein ehrgeiziges Werk im 18. Jh. fort: Wände wurden mit Seide bespannt, Chinoiserien effekthascherisch im Spiegelkabinett zur Schau gestellt. Nicht nur zu den fürstlichen Appartements oder dem Bergfried der alten Wasserburg wissen die Führer Amüsantes zu erzählen. Am Hof des Sonnenkönigs Ludwigs XIV. fand Graf Carl-Ludwig die Inspiration für den *Barockpark*. Von Extravaganz zeugt die skurrile Galerie der Gnome – allesamt Karikaturen der Hofgesellschaft. 🕓 Schloß April–Okt. 9–18, Nov.–März 10–12, 13.30–16.30 Uhr, Führungen.

Der *Marktplatz* mit der spätgotischen Pfarrkirche wurde zur Barockzeit gleichsam als Auffahrt zur Residenz mit in die Bauplanung einbezogen. So entstanden an den Längsseiten neue Amtsgebäude, von denen die Zirkelhäuser der Schloßbediensteten den Blick zum Schloßportal lenken. Einen guten Überblick über den Alltag der Winzer und Bauern vermittelt das *Tauberländer Dorfmuseum* am Marktplatz. 🕓 März–Okt. Di–So 10–12, 14–17 Uhr.

ℹ Marktplatz 7, ☎ (0 79 34) 1 02 55. Ⓡ Rund um den Marktplatz wird regional gekocht, im **Laurentius** sogar mit Gourmet-Kochlöffeln ($$; auch Ⓗ). In **Christas Taverne** (Hohenloher Str.) gibt Italien den Ton an. $

Weinberge bekannter Lagen wie „Weikersheimer Schmecker“ oder „Tauberrettersheimer Königin“ begleiten die Route nach **Röttingen,** 81 km. Stolz nennt sich der ehemals hohenlohische und später Würzburger Besitz „Stadt der Sonnenuhren“ und lädt zu einem Spaziergang (ca. 90 Min.) ein, bei dem man mehr als 20 der ungewöhnlichen Zeitmesser kennenlernt. Nr. 1 steht auf dem Platz vor dem *Rathaus* (ℹ). Der Weg streift auch den *Museumsweinberg* (Lage „Feuerstein“, Erklärung von Anbauformen und Rebsorten) und führt vorbei an Bildstöcken (s. S. 65), mittelalterlichen Tortürmen und der *Burg Brattenstein*, die im Sommer zur Theaterbühne wird.

ℹ Rathaus, ☎ (0 93 38) 97 28 55. Weinprobe und Verkauf u. a. bei **Weingut Poth,** Würzburger Str. 3, ☎ 3 32, 🕓 Mo–Sa 9–12, 13–18 Uhr.

Den Höhepunkt in Riemenschneiders Werk stellt der ** *Marienaltar* in der *Herrgottskirche* bei **Creglingen,** 93 km,

*Schloß Weikersheim: Renaissancearchitektur und barocke Gartenkunst*

1

Seite 67

dar. Ein Hostienfund auf einem Acker hatte im 14. Jh. zum Bau der gotischen Kirche angeregt, in der man durch den Verkauf von Ablaßbriefen enorme Einnahmen erzielte. Ende des 15. Jhs. erging der Auftrag für einen Marienaltar an den Würzburger Bildschnitzer. Riemenschneider arbeitete fünf Jahre an dem filigranen 9,20 m hohen Kunstwerk aus Föhrenholz in Form einer spätgotischen Monstranz. Flankiert von den Flachreliefs der Seitenflügel (Szenen des Marienlebens) gewinnt der Mittelteil mit der Himmelfahrt Mariens, ihrer Krönung und einer Christusdarstellung außergewöhnliche Dynamik und Plastizität, die der Lichteinfall von hinten noch unterstreicht. Im mittleren der Schriftgelehrten des rechten Predellareliefs (unten rechts) sieht die Forschung ein Selbstbildnis Riemenschneiders. ⌚ April–Okt. 8–18, Nov. bis März Di–So 10–12 (nicht Mitte Dez.–Ende Febr.), 13–16 Uhr.

Eine entzückende Sammlung, deren Exponate man am liebsten mit der Lupe betrachten würde, besitzt das * *Fingerhutmuseum* in der Kohlesmühle gegenüber der Kirche. Knapp 2000 Exemplare – vom russischen Knochenring über das Hütchen der Goethe-Freundin Charlotte von Stein bis zu moderner Maschinenware – lassen keine Fingerhut-Frage offen. ⌚ April bis Okt. 9–18, Nov.–März 13–16 Uhr.

Im Ort selbst gruppiert sich ein Fachwerkensemble um die Kreuzung von Tor- und Lindleinsstraße, wo die Romgasse zum sorgfältig restaurierten *Romschlössle* abzweigt, einst Wohnsitz der örtlichen Beamtenschaft (15. Jh., heute Kulturzentrum). Die schmale Kirchenstaffel unterhalb der Kirche führt ebenfalls ins Mittelalter – und wieder zur Hauptstraße zurück.

ℹ Touristik-Zentrum Oberes Taubertal, 97993 Creglingen, ☎ 📠 (0 79 33) 6 31.

Die Enge des oberen Taubertals hat glücklicherweise dem Straßenausbau einen Riegel vorgeschoben. In Archshofen, Tauberzell oder Bettwar blühen farbenfrohe Bauerngärten direkt an der schmalen Straße, und Enten watscheln am Wegrand entlang.

Ⓗ Ⓡ Die Wirtin der Schenke und Herberge **Zum Falken** im restaurierten Pfleghof von Tauberzell hat sich u. a. auf alte Gerichte wie Heubraten besonnen; ausgezeichnete Weine. Tische im Freien; stilvolle ruhige Zimmer, teils mit 2,20 m-Betten. ☎ (0 98 65) 18 10, 📠 18 11. $

Die ältesten Teile der schlichten Dorfkirche * *St. Peter und Paul* in **Detwang** am Tauberufer stammen aus romanischer Zeit (um 1000). Ebensoviele Jahrhunderte hat der Torbau am Eingang zum Friedhof überdauert, den „Neidkopf“ zur Abwehr böser Geister indes brachte man erst um 1600 an. 1510, also nur wenige Jahre nach Entstehung der beiden Seitenaltäre, schuf Riemenschneider in einem viel prägnanteren, individuellen Stil den Hauptaltar mit der Kreuzigung, Christus und den Jüngern im Garten Gethsemane und der Auferstehung. Zunächst war er wohl in der Rothenburger Kirche St. Michael aufgestellt, ehe er 1653 nach Detwang kam. ⌚ Juni–Sept. 8.30–12, 13.30–18, So 10–12, 13.30–18 Uhr.

Ins 12. Jh. datiert man die stämmigen Mauern des *Wasserschlößle* rechts neben der Kirche, das angeblich Rothenburgs Bürgermeister Toppler als Vorbild für sein Schlößchen (s. u.) diente. Dank der Umgehungsstraße machen Busse einen Bogen um Detwang, und die Gastronomie stapelt preislich etwas tiefer als die Köche ob der Tauber.

Einen Biergarten, manchmal mit Live-Musik, lädt bei der *Bronnenmühle* kurz vor der Tauber-Brücke Richtung Vorbach ein. Die Straße am Tauberufer (So, Fei 11–16 Uhr für Pkws gesperrt) empfiehlt sich auch für Radfahrer als besonders schöne Anfahrtsmöglichkeit nach Rothenburg – durch den Talgrund mit den Mühlen, hoch oben die Mauerkrone, vorbei am *Topplerschlößchen* (s. S. 48), über die Doppelbrücke und den Steilhang hinauf zur Spitalbastei.

# Route 2

## Kleinode auf dem Lande

2

Seite 73

*Am Creglinger Altar porträtierte sich Riemenschneider selbst*

*** Rothenburg – Schillingsfürst – * Feuchtwangen – ** Dinkelsbühl (50 km)
Abstecher nach ** Ansbach und * Wolframs-Eschenbach (ca. 100 km)

**Da eine Spitze, dort ein Zwiebelturm. Die weitgespannten Täler der oberen Wörnitz und Altmühl – ein ideales Gebiet zum Radfahren – sind gespickt mit Kirchtürmen inmitten unzähliger Dörfer. Die größeren Orte umgaben sich in den unruhigen Zeiten des 15. bis 17. Jhs. mit heute noch erhaltenen Gräben und Mauern. Schicksalshaft wirkte sich ihre Lage im Spannungsfeld zwischen Reichsstädten und Bischofssitzen wie Würzburg oder Eichstätt aus. Trotz aller Fehden kamen die Künste nicht zu kurz. Zu den prominentesten Vertretern des Minnesangs gehörte Wolfram von Eschenbach, an den in seinem Geburtsort ein extravagantes Museum erinnert. Schillingsfürst oder Ansbach hingegen vertreten mit ihren Schlössern den eleganten Stil der Rokoko-Höfe, Feuchtwangen schließlich die Lebenswelt des Bürgertums. Und wer der Geschichte des Zweirads auf die Spur kommen will, darf das Fahrradmuseum in Zumhaus nicht versäumen.**

*Heimat eines berühmten Minnesängers: Wolframs-Eschenbach*

Eilige können das Interessante im Tauber- und Wörnitztal – z. B. mit einer Mittagsrast in Zumhaus oder Feuchtwangen – leicht an einem Tag bewältigen. Übernachtet man in Dinkelsbühl, bietet sich von dort die Tagesfahrt in den Rangau an. Ist hingegen Ansbach das Ziel unmittelbar nach Schillings-

*Schäfer auf der Frankenhöhe*

2

Seite 73

fürst (schöne Fahrt über die Frankenhöhe nach *Leutershausen* mit Denkmal und Museum für den Flugpionier Gustav Weißkopf), empfiehlt es sich, eine Nacht dort oder in Wolframs-Eschenbach zu verbringen.

Kurz nach dem Ortsausgang von Rothenburg zweigt von der B 25 links die Straße nach *Gebsattel* und *Diebach* ab. Wählen Sie diese Route, denn sie folgt (im Gegensatz zur offiziellen Romantischen Straße) den Mäandern der Tauber durch freundliche Wiesengründe.

Von Diebach geht es weiter nach Bellershausen und langsam bergan zum First der europäischen Wasserscheide, der hier 530 m hohen *Frankenhöhe.*

Weithin sichtbar thront das **Schloß von Schillingsfürst,** 15 km, auf der äußersten Kante eines schroffen Bergsporns. Die Burgbauten (erstmals um 1000 belegt) wurden mehrmals durch Naturkatastrophen und Kriege zerstört. Die hufeisenförmige Residenz des Hauses Hohenlohe-Schillingsfürst nahm erst 1723–1750 Gestalt an. Dem Adelsgeschlecht entstammte u. a. der Reichskanzler (1894–1900) Fürst Chlodwig zu Hohenlohe-Schillingsfürst, und der Komponist Franz Liszt ließ in den prachtvollen Räumen (heute *Museum*) sein virtuoses Klavierspiel erklingen.

Die große Attraktion ist jedoch der ** Bayerische Jagdfalkenhof* auf dem Schloßgelände. Der Rotmilan, ein Zugvogel, der im Sommer über der Frankenhöhe seine Kreise zieht, sitzt hier neben Falken, Habichten, Bussarden, Geiern und amerikanischen Weißkopfadlern. Im Mittelalter ein Statussymbol, erlebte die Jagd mit Falken erst im 18. Jh. einen Rückgang infolge der Verbreitung der Feuerwaffen. Heute unterliegt das Halten von Greifvögeln strengsten gesetzlichen Auflagen. Daß die Vögel auch in Gefangenschaft bis zu 15 Jahren alt werden, ist letztlich ihrer Faulheit zuzuschreiben. Nach kurzer Jagd auf Mäuse oder Vögel – Wanderfalken erreichen im Sturzflug Geschwindigkeiten um 350 km/h – verharren die Kunstflieger oft stundenlang auf dem Ausguck. Sie beobachten ihre Umgebung mit der Präzision eines Mikroskops: Das Auge des Falken besitzt sechsmal so viele Sehzellen wie das menschliche. Im Team mit Falknern zeigen die Akrobaten der Luft den Besuchern ihr Können. 🕓 März, April, Sept., Okt. 10–17 Uhr, *Flugvorführungen* 11, 15, Mai–Aug. 10–18 Uhr, Flugschau zusätzlich um 17 Uhr. Schloßführungen 10.30–16 Uhr; ☎ (0 98 68) 69 41.

Am Südende des Ortes ist eine kleine technische Sensation zu besichtigen. Für das von Ochsen über eine schiefe Tretscheibe betriebene *Wasserpumpwerk* des Schlosses (fertiggestellt 1702) wurde 1729 der erste Wasserturm Deutschlands gebaut. Mit kleinem Heimatmuseum. 🕓 unter ☎ (0 98 68) 8 00.

Ⓡ **Falkenhof-Imbiß,** vor dem Schloß; Terrasse unter Kastanien mit Panoramablick; einfache Gerichte. Hier sitzt man zwischen den Einheimischen. $ Die Tische nebenan gehören zum gepflegten **Schloßcafé.** $$

Durch das Quellgebiet der Wörnitz schlängeln sich Straßen über Dombühl oder Wörnitz nach **Zumhaus.** Achtung: Hochradfahrer kreuzen im Ort den Weg, und jeden 1. und 3. So. im Monat begrüßen fetzige Jazzklänge die Besucher des Biergartens direkt beim ****** *Fahrradmuseum.* Hier sind wahre Raritäten aus den Gründerjahren der Zweiradmobilität in einem restaurierten Fachwerkhaus ausgestellt; einige der skurrilen Gefährte aus 200 Jahren Fahrradgeschichte dürfen im Hof benutzt werden. 🕓 Mai–Sept. 10–17 Uhr.

Folgt man der Landstraße im Wörnitztal südwärts bis *Mosbach,* tauchen zur Linken jenseits des Waldes bald die Türme von *** Feuchtwangen,** 35 km, auf. Sein weiträumiger *Marktplatz* versammelt am Röhrenbrunnen (1726) nicht nur die Straßen aus allen Richtungen, sondern auch die Gäste der renommierten *Kreuzgangfestspiele.* Wenige Schritte von Fachwerkbauten und Barockfassaden entfernt verbirgt sich ein romanisches Kleinod: der ** Kreuzgang* der später erneuerten Stiftskirche, der sich von Juni bis August zum Theaterraum wandelt. Im *Café am Kreuzgang* (($)) kann man in Ruhe die Architektur genießen. Über den Arkaden zeigen die *Handwerkerstuben* die alten Techniken des Blaudrucks, Zinngießens oder Häfnerns.

Herrieden im Rangau

Feuchtwangens Ursprünge gehen auf ein karolingisches Kloster (9. Jh.) zurück. Zeitweilig war es Freie Reichsstadt, wurde aber 1376 von Kaiser Karl IV. an den Burggrafen von Nürnberg verpfändet, womit es dann zu Ansbach kam und früh protestantisch wurde. Das Zickzackband um das Westportal der ** Stiftskirche* weist auf ihren Baubeginn im 13. Jh. hin, doch erst 1484 lieferte Michael Wolgemut, ein Lehrmeister Dürers, die Gemälde für die Seitenflügel des Hauptaltars. Wenig später leisteten sich die Chorherren ein (1866 leider verkleiner-

Wappen schmücken den Röhrenbrunnen in Feuchtwangen

2

Seite 73

tes) *Chorgestühl, das wegen seiner humorvollen Figuren – darunter z. B. ein Mann mit Brille, der eifrig in einem Folianten liest – mehr als einen Blick verdient. *St. Johannis* nebenan ist stark von der Gotik geprägt (barocker Hochaltar). An der Stelle einer weiteren Kirche entstand nach der Reformation die (zur Stadthalle umgebaute) Zehntscheune „Kasten". Besonders stolz ist Feuchtwangen auf das **Fränkische Museum* (Museumsstr. 19). Mehr als 600 zarte Fayencen füllen die Vitrinen; die im Stil verschiedener Epochen eingerichteten Stuben wirken lebendig.

ℹ Marktplatz 1, 91555 Feuchtwangen, ☎ (0 98 52) 9 04 44, FAX 90 42 60.
Ⓗ Ⓡ **Greifen-Post,** Marktplatz 8, ☎ 68 00, FAX 6 80 68. Sehr edel. $$
**Walkmühle,** 5 Automin. südlich, ☎ 6 73 30, FAX 14 29. Landgasthof mit Biergarten im Grünen. Di geschl. $

An Schopfloch (s. S. 15) vorbei erreicht man ***Dinkelsbühl* (s. S. 50).

### ** Ansbach – * Wolframs-Eschenbach

In die ehemalige Residenzstadt der Hohenzollern führt von Dinkelsbühl eine abwechslungsreiche Strecke über **Herrieden,** das mit seinem Storchennest auf dem Stadttor zum Wahrzeichen des *Rangau* wurde. In bezug auf Macht und Wohlstand waren seine Klosterherren im Mittelalter weltlichen Fürsten vergleichbar, ihre Besitztümer reichten bis zur Abtei Melk. Auffällig sind heute die vielen Flurkreuze auf dem ehemaligen Herrieder Territorium inmitten des früh reformierten Ansbacher Landes.

Die Anfänge von ****Ansbach** (40 000 Einw.), 40 km, gehen auf ein Benediktinerkloster des 8. Jhs. zurück, das 1331 zusammen mit einer Stadt in den Besitz des Nürnberger Burggrafen Friedrich IV. von Zollern kam. Als Albrecht Achilles, Markgraf und Kurfürst von Brandenburg-Onolzbach, 1456 die Hohenzollern-Residenz aus dem zerstörten Cadolzburg in das Städtchen an der Rezat verlegte, zog dort höfisches Leben ein. Zu Beginn des 16. Jhs. bereitete Georg der Fromme der Reformation den Weg, und wenig später begannen unter Georg Friedrich die Baumeister der Renaissance ihr Werk in der Stadt.

Seinen Glanzpunkt, dessen Pracht die alljährlichen **Rokokofestspiele* wiedererwecken, verdankt Ansbach allerdings dem „Wilden Markgrafen". Der passionierte Jäger Carl Wilhelm Friedrich (1729–1757), ein Schwager Friedrichs des Großen, ließ das ***Schloß* vollenden. Der Rundgang durch die Prunkräume führt durch eine goldschimmernde Märchenwelt – architektonisch gestaltet von Gabriel de Gabrieli. Unter den seidenbespannten und verspiegelten Räumen fällt das Tafelzimmer mit seiner im 18. Jh. beliebten Fayenceausstattung ins Auge. 2800 Kacheln, bemalt mit unterschiedlichsten Tieren, Figuren oder Landschaften, überziehen die Wände. 🕓 nur Führungen Di–So, Fei Okt.–März 10, 11, 14, 15 Uhr, April–Sept. auch 9 und 16 Uhr.

*Anscavallo,* ein kubistisch anmutendes Metallroß, das die große Tradition des Reiter-Landesleistungszentrums Ansbach symbolisiert, und die den Wein genießende *Ansbacchantin* des Bildhauers Jürgen Görtz laden ein, die Schritte vom Schloßplatz zum herrlichen *Residenzgarten* zu lenken, um sich auf der Terrasse der *Orangerie* (Restaurant-Café, Mo, Di geschl., $$) der Muße hinzugeben.

An einem Waldweg östlich der Fontäne markiert ein Gedenkstein den Platz des Attentats auf Kaspar Hauser. Seine Inschrift lautet: „Hier wurde ein Geheimnisvoller geheimnisvollerweise getötet. 14. Dez. 1833." Zahlreiche Zeugnisse über den unbekannten Halbwüchsigen, der 1828 in Nürnberg aufgetaucht war und keinerlei Angaben über seine Herkunft machen konnte, bewahrt das *Markgrafenmuseum* (histor. Sammlungen; Schnaitbergerstr. 14, 🕓 Di–So 10–12, 14–17 Uhr).

Der Fall Kaspar Hauser entwickelte sich zu einer Angelegenheit für Kriminalisten. Einem Mordanschlag 1829 knapp

## Bin ich dir unmaere ...

... des enweiz ich niht: ich minne dich.
einez ist mir swaere,
dû sihst bî mir hin und über mich.

Bin ich dir zuwider?
Ach, ich weiß es nicht: ich liebe dich.
Eins nur beugt mich nieder,
du blickst an mir hin und über mich.

*Walther von der Vogelweide* (um 1170 bis 1230), der Verfasser dieser Verse, zählte zu den Dichter-Sänger-Profis in den Adelskreisen des Hochmittelalters. Am Hof der Babenberger in Wien begann um 1190 seine Laufbahn als Fahrender. Als Ausdruck seiner Wertschätzung bedachte Kaiser Friedrich II. den Minnesänger später mit einem Alterslehen bei Würzburg, wo Walther begraben sein soll (s. S. 33). Obwohl ritterlicher Herkunft, nahm er vermutlich nie an Feldzügen teil. Anders der Vollblutritter *Wolfram von Eschenbach* (1170–1220) aus dem Fränkischen in Diensten eines Hermann von Thüringen. Beide Dichter widmeten sich dem Minnelied, das die (meist) unerfüllte Liebe zu einer edlen Dame zum Thema hatte. Im Gegensatz zu den französischen Troubadouren schufen sie auch Verse zum Lob der Natur. Während Walther außerdem politische Sprüche und Kreuzzugslyrik verfaßte und das Motiv der „niederen Minne" zu einem nicht ebenbürtigen Mädchen in seine Dichtung aufnahm, wandte sich Wolfram besonders dem „Tagelied" zu, das den wehmütigen Abschied der Liebenden bei Anbruch des Tages schilderte. Ebenso ließ er sich von den Artus-Romanen des Chrétien de Troyes zu seinem Hauptwerk „Parzival" inspirieren. Die 25 000 Verse um Parzivals Suche nach Gott und dem Gralsgeheimnis stecken voller derber Abenteuer und lustvoller Amouren und haben in ihrem frischen Stil nichts mit dem Bühnenweihfestspiel Richard Wagners gemein, ebenso wie dessen „Tannhäuser" mit dem Minnesänger am Hof des letzten Babenbergers im 13. Jahrhundert.

2
Seite 73

entkommen, wurde Hauser von Nürnberg nach Ansbach in das Haus des Lehrers Meyer, Pfarrstr. 18 (hinter St. Gumbertus) gebracht. Seine vermeintliche Herkunft aus badischem Adelshaus (diese Vermutung wurde 1996 wissenschaftlich widerlegt) verschaffte ihm Zutritt zu vornehmsten Kreisen, ließ ihn aber auch um sein Leben fürchten. Drei Tage nach einem weiteren Anschlag, hinter dem man hochrangige Auftraggeber vermutete, starb er.

*Anscavallo*

Neben dem Schloß beginnt der Johann-Sebastian-Bach-Platz, der überragt wird von ** St. Gumbertus* mit dem Dreispitzenturm, dem Wahrzeichen Ansbachs. Die Gruft unter dem Chor, lange Zeit fürstliche Grablege, ist Teil des ältesten Kirchenbaus (🕓 Fr–So 11–12, Sommer auch 15–17 Uhr).

*Beringershof in Ansbach*

Gotische Stilmerkmale zeigt der ehem. Chor, seit 1825 **Schwanenritterkapel-*

2

Seite 73

*le.* Phantasievoll hat der Künstler des „Kelterbildes" Christus in der Weinpresse dargestellt, aus der statt Rebensaft Hostien in den Kelch fließen. Die Schlichtheit der Reformation prägt den barocken Kirchenraum, in dem man nur der Orgel mehr Dekor zugestand.

Der *Beringershof* (östl. des Chors) mit einem Treppenturm von Blasius Berwart (s. S. 66) entstand etwa zur selben Zeit wie die imposanten grauweißen Renaissancetrakte der höfischen Kanzlei nördlich der Kirche. Die Zeit des Rokoko prägte hingegen Markgraf Carl Wilhelm Friedrich, dessen goldene Büste den Brunnen am Platz überstrahlt.

Als Riegel zwischen St. Gumbertus und St. Johannis schiebt sich das *Stadthaus* (1532), in dem ursprünglich über der Markthalle im Erdgeschoß die fürstlichen Landstände tagten. Davor erhebt sich der Markgraf-Georg-Brunnen. Die rechte Seite des Martin-Luther-Platzes begrenzt ein Stadtpalais nach Entwürfen von G. de Gabrieli, die gegenüberliegende das *Rathaus* (1622/23). *St. Johannis* (1410–1508, gotisch) war stets bürgerliche Pfarrkirche und wurde bereits 1525, als sich 70 % der Einwohner zum reformierten Glauben bekannten, protestantisch geweiht. Toleranz zeigte man gegenüber den Juden, denen Carl Wilhelm Friedrich in der Rosenbadstraße eine *Synagoge* (bei Stadtführungen zugänglich) errichten ließ. Der Weg dorthin führt durch die Platenstraße mit einem Denkmal für Kaspar Hauser, einmal dargestellt als Halbwüchsiger und einmal als junger Mann. Ein letzter Blick auf den massigen Turm des *Herrieder Tors* beschließt den Stadtrundgang. Der Ausbau des Tors um 1750 war eine Demonstration der Macht gegenüber den erzkatholischen Stiftsherren von Herrieden (s. S. 74).

🛈 J.-S.-Bach-Platz 1, 91522 Ansbach, ☏ (09 81) 5 12 43, 📠 5 13 65. Stadtführung (ca. 90 Min.) ab „Anscavallo", Mai–Okt. So 11 Uhr.

Ⓗ Ⓡ **Platengarten,** Promenade 30, ☏ 5611, 📠 5610. Direkt am Schloßpark mit schattigem Biergarten. Freundlich die Bedienung, fränkisch das Ambiente und die Küche. ($)

Ⓡ **Zur kleinen Kartoffel,** Büttenstr. 17. Der Name verweist auf die Spezialität des gemütlichen Gasthauses. ($)

*Cafés* und kleine Lokale am Martin-Luther-Platz sowie in den südlich davon gelegenen Gassen.

***Wolframs-Eschenbach,** 58 km. Das ausgezeichnete ** *Museum* im alten Rathaus ist dem hier geborenen Minnesänger Wolfram von Eschenbach gewidmet. Von seinen Werken hat sich nichts im Original erhalten; die realistische wie auch die irrational-märchenhafte Ebene seiner Dichtung werden mit zahlreichen Exponaten anschaulich gemacht. Gute Videoeinführung. 🕓 Di–So 14–17, So auch 10.30–12 Uhr, Nov.–März Sa, So 13–16 Uhr.

Im Schutz des Mauersaums rund um den Kirchturm renommieren das behäbige *Deutschordensschloß* (17. Jh.) und die *Vogtei* (s. u.) mit ihren Fassaden. Ausgesprochen licht wirkt der Raum des *Liebfrauenmünsters* (13./15. Jh.), dessen kostbarer Rosenkranzaltar vermutlich aus der Werkstatt des Nürnbergers Veit Stoß stammt. Wolframs Grab ist nicht exakt lokalisierbar.

Ⓗ Ⓡ **Alte Vogtei,** Hauptstr. 21, ☏ (0 98 75) 9 70 00, 📠 97 00 70. Ein schönes Haus mit Antiquitäten, leckere fränkische Gerichte. ($)

Der Weg zurück führt über *Merkendorf* und *Ornbau,* wo sich die im 15. Jh. errichteten Mauergürtel erhalten haben und in alten Gräben spiegeln. Wer Goethes Spuren folgen will, sollte in der schönen Gaststube des *Goldenen Engel* (($)) in *Großenried* Station machen. Der Dichter übernachtete hier auf seiner Schweizer Reise am 4. November 1797. In *Bechhofen* weiht das moderne *Pinsel- und Bürstenmuseum in die Geheimnisse des bis heute im Ort ausgeübten Handwerks ein. Wer weiß denn schon, welches Tier für einen Puder- oder Rasierpinsel Haare lassen muß? 🕓 Mi, Sa 14–17, So, Fei 13.30–17 Uhr.

# Route 3

## Das fast perfekte Rund von Krater und Mauer

**** Dinkelsbühl – (Hesselberg – Wassertrüdingen – Oettingen –) Rieslandschaft – Maihingen – * Wallerstein – ** Nördlingen (37 bzw. 58 km)**

*Mit modernster Technik wird wie hier in Nördlingen jahrhundertealtes Fachwerk restauriert*

**Folgt man der Romantischen Straße (oder der Wörnitz) von Dinkelsbühl nach Südosten, so durchquert man eine pfannenähnliche Senke. Ein Meteoriteneinschlag vor 15 Mio. Jahren hinterließ hier einen „Mondkrater" von 25 km Durchmesser. So trostlos wie auf dem Erdtrabanten sieht es allerdings nicht mehr aus, im Gegenteil: Wer den Blick vom „Daniel" der Nördlinger St.-Georgs-Kirche in die Runde schweifen läßt, dem präsentiert sich der ehemalige Kraterrand als riesiger waldgrüner Reifen um die Taille der ehrwürdigen, jung gebliebenen Freien Reichsstadt (1215–1803). Kreisrund wie der Ries-Wall umschließt die alte Ummauerung den bunten Reigen der soliden Fachwerkbauten und edlen Bürgerhäuser: Die Denkmalpfleger hatten (und haben) hier alle Hände voll zu tun. Als Auftakt lohnt sich an klaren Tagen eine Fahrt auf den Hesselberg, um anschließend in Oettingen und Wallerstein die verzwickten Verwandtschaftsverhältnisse der Ries-Grafen kennenzulernen, aber auch ihren vorzüglichen Kunstgeschmack.**

Falls die Zeit drängt, lassen sich Route 3 und 4 (ohne Abstecher) an einem Tag bewältigen. Andererseits laden sympathische Hotels in Nördlingen dazu ein, sich das „So G'sell, so" des Türmers vom „Daniel" in den zwei Stunden vor Mitternacht nicht entgehen zu lassen.

*Bunte Blumenwiesen und blühende Obstbäume begeistern im Frühling in Franken*

3

Seite 81

Von *Gerolfingen* (14 km östl. von Dinkelsbühl) windet sich die Straße hinauf zum **Hesselberg** (689 m). Die höchste Erhebung der Fränkischen Alb mit ihrem überwältigenden * *Ausblick* war ab 400 v. Chr. von Kelten besiedelt; etwas weiter nördlich verlief der römische Limes. Im Süden überdeckt der Oettinger Forst den Ries-Rand, den die Wörnitz bei **Wassertrüdingen,** 28 km, durchbricht. Die Reste seiner Stadtmauern lassen sich auf das 13. Jh. datieren, als hier die Grafen von Truhendingen das Sagen hatten. Das Schloß erhielt im Barock und Rokoko seine Form.

3

Seite 81

Das Dorf **Auhausen** überrascht mit einer trutzigen Pfarrkirche, der Rest eines Benediktinerklosters (1534 aufgelöst). Ihre wuchtigen Pfeiler sowie einige Freskenrelikte gehen zurück auf das 12. Jh. Schöpfer des Marienaltars (1513) war der Nördlinger Stadtmaler Hans Schäufelein, einst Lehrling in der Werkstatt Albrecht Dürers. 1608 schlossen sich die protestantischen Reichsfürsten Süddeutschlands in Auhausen zur „Union“ zusammen, deren Opposition zur kaiserlich-katholischen „Liga“ den Dreißigjährigen Krieg schürte.

**Oettingens** Stadtbild spiegelt die ehemalige Präsenz der Ries-Grafen (ab 1774 Reichsfürsten), die bis ins 19. Jh. zwei Residenzen in dem Städtchen besaßen. Erhalten blieb am Nordende der Schloßstraße, in der Barockgiebel behäbigen Fachwerkbauten gegenüberstehen, das *Obere Schloß* (17. Jh.). Sein von Mathias Schmuzer mit Stuck ausgekleideter Festsaal läßt keinen Zweifel an der Meisterschaft des Wessobrunners, der auch den gotischen Bau der ev. Pfarrkirche *St. Jakob* in ein barockes Kleinod verwandelte. ⌚ Schloß April–Okt. Sa 14 Uhr Führung.

ℹ Schloßstr. 36, 86732 Oettingen, ☎ (0 90 82) 7 09 51, 📠 7 09 88.

Das kleine **Maihingen,** in Chroniken bereits 1280 als Sitz niederen Adels im Dienste der Grafen von Oettingen erwähnt, ist einen Abstecher wert – nicht nur wegen der *Barockkirche* des Minoritenklosters (18. Jh.). Das * *Rieser Bauernmuseum* zeigt im ehemaligen Brauhaus auf 1500 m² eine ungewöhnliche Schau ländlicher Alltagskultur: von der Totenkrone bis zum Wolkenmusterrock. ⌚ April–Juni, Okt. 13–17 Uhr, Juli–Sept. 10–17 Uhr; Mo, Fr geschl.

Auf der Hauptstraße von **Wallerstein,** durch die einst die Fuhrwerke in Richtung Nördlingen rumpelten, ragt wie ein Finger Gottes die Dreifaltigkeits- oder *Pestsäule* (1722–1725) in die Höhe. Die Seuchenheiligen Antonius von Padua, Sebastian und Rochus zu Füßen der hl. Maria und der Dreifaltigkeit sollten den Schwarzen Tod von den Gläubigen wenden. Rundum ist in dem Marktflecken alles „fürstlich“: Metzger, Gärtner, Bäcker, das wappenbekrönte Chorgestühl in der Pfarrkirche und natürlich das * *Schloß* der Fürsten zu Oettingen-Wallerstein. Seit 1188 war eine Burg auf dem Wallerstein als Sitz der Staufer im Ries bekannt. 1261 fiel sie an die Grafen von Oettingen, die sie erweiterten und ab dem 16. Jh. Repräsentationsbauten errichten ließen. Um einen Park im englischen Stil gruppieren sich das Moritzschlößchen, die Orangerie, das Oval der Reitbahn (1751) mit einer Parade aufwendiger Kutschen und das Neue Schloß. Führungen öffnen hier die Türen zu zauberhaften Räumen, in denen exquisites Porzellan europäischer Manufakturen und chinesischer Provenienz sowie süddeutsche Fayencen einen Einblick in die fürstliche Tischkultur vermitteln. ⌚ Porzellanmuseum (☎ 0 90 81/7 82 25), Marstallmuseum (☎ 7 82 26); 16. März–Sept. Di–So 9 bis 17, Okt. 9.30–16 Uhr; Anm. empfohlen.

Ⓡ Die Spezialität des Fürstlichen Brauhauses, naturtrübes „Wallersteiner Landsknecht-Bier“ kann man im **Fürstlichen Keller** probieren, dessen schöne Terrasse einen weiten Blick ins Ries eröffnet. Abgeschmälzte Maultaschen oder Sauerbraten nach schwäbischer Art werden bei kühlem Wetter in den alten Gewölben aufgetischt. Berg 78, ☎ (0 90 81) 7 98 61. Ⓢ–Ⓢ

## ** Nördlingen

Die Orangerie des fürstlichen Schlosses von Wallerstein

Entwickelt hat sich das Schmuckstück aus einer alemannischen Siedlung, die als Hofgut der Karolinger 898 in den Besitz des Bischofs von Regensburg überging. Funde von Kopfbestattungen, sog. Schädelnester, in den Ofnethöhlen bei Holheim (5 km südwestl.) belegen, daß hier schon seit der Mittleren Steinzeit Menschen lebten.

Die mit der Erhebung zur Freien Reichsstadt im Jahre 1215 verbundenen Marktrechte ermöglichten dem verkehrsgünstig an den Handelsstraßen zwischen Augsburg, Nürnberg und Frankfurt gelegenen Nördlingen den entscheidenden Aufschwung. Vier Jahre später berichteten Urkunden erstmals von der *Pfingstmesse*, die sich zum führenden Handelsforum in Süddeutschland entwickelte. Während der zweiwöchigen Messe boten neben einheimischen Webern und Gerbern auch Händler aus den Niederlanden, Spanien, Frankreich und den Ostgebieten des Deutschen Reiches etwa Tuche, Eisen- und Glaswaren oder Bücher an. Zolleinnahmen, z. B. für Salz, oder Stapelgelder (vergleichbar den heutigen Standgebühren) flossen reichlich in den Stadtsäckel. 1438 gewann das Handelsereignis eine Attraktion hinzu: das *Scharlachrennen*, ein Pferderennen auf der Kaiserwiese, dessen Sieger ausreichend rotes Tuch für ein stattliches Gewand erhielt, der Verlierer immerhin ein Schwein. Außerdem liefen Bewohnerinnen des Frauenhauses und Handwerksgesellen jeweils um ein Barchenttuch um die Wette. Beide Ereignisse wurden nach dem Zweiten Weltkrieg als Volksfest bzw. Pferdesportereignis wiederbelebt, ähnlich wie das *Stabenfest als* Festtag der Kinder im Mai.

Im 16. Jh. lenkte die Ausdehnung des Überseehandels die Warenströme primär in die Hafenstädte – das bekam auch Nördlingen zu spüren, und der

Vom Nördlinger „Daniel" aus bietet sich ein 360°-Ries-Panorama

### Tip

Rund wie das Ries und kaum 2 cm hoch, ist die **Rieser Bauerntorte** eine echte Köstlichkeit. Die fürstliche Bäckerei in Wallerstein produziert sie in der Größe von Wagenrädern: fein mit Zimt gewürztes Apfelmus zwischen zwei Lagen Hefeteig. Eigelb läßt die „Torte" sanft bräunen.

3

Seite 81

Dreißigjährige Krieg führte die Stadt vollends in die Katastrophe. Mehr als die Hälfte der Bevölkerung fand den Tod. Erst im 20. Jh. erlebte Nördlingen wieder einen Aufschwung; heute pflegt es sein attraktives Stadtbild, ohne seine Möglichkeiten zur gewerblichen Expansion zu vernachlässigen.

Von Norden her erreicht man die Innenstadt durch das *Baldinger Tor,* doch es empfiehlt sich, das Auto außerhalb abzustellen, da die Parkdauer im Zentrum auf 1,5 Std. begrenzt ist.

3

Seite 81

Die Umrundung des Ortes auf der besterhaltenen ****Stadtmauer** Deutschlands schafft man in einer guten Stunde. Sie ist der ideale Platz für einen Blick auf das pittoreske Ensemble der Häuser in „Holzrahmen-Ständerbauweise" – wie Architekten über Fachwerk fachsimpeln.

Einen ersten Eindruck des malerischen Ortes erhält man schon von der Mauer am **Baldinger Tor** und weiter ostwärts gehend bis zum *Unteren Wasserturm* bei der *Neumühle.* Danach sollte man am Ufer der Eger entlang in Richtung Westen durch die Vordere und jenseits des Bachs durch die Mittlere Gerbergasse spazieren und sich die schmucken Fachwerkbauten mit ihren riesigen Hängeböden und Galerien zum Trocknen der Tierhäute ansehen. Aufgrund der Geruchsblästigung waren die „unreinen" Gewerbe anfangs außerhalb des Stadtkerns angesiedelt.

Rechter Hand führt eine kleine Straße zum Holzhof mit einer Scheune aus dem 16. Jh. Unter ihrem gewaltigen Dach fand das moderne ***Rieskrater-Museum** großzügige Ausstellungsräume für Modelle, Gesteinsproben und eine Multivisionsschau, die die geologische Sensation des Meteoriteneinschlags (s. S. 8) optisch und akustisch in Szene setzt. Weniger dramatisch gestaltet sich die Zeitreise durch die Stadtgeschichte nebenan im ***Stadtmuseum** (Vordere Gerbergasse 1). In den Räumen des ehemaligen Spitals (16. Jh.) werden steinzeitliche Funde aus den Ofnethöhlen gezeigt sowie Aufstieg und Fall der Freien Reichsstadt dokumentiert. Das Diorama der Schlacht bei Nördlingen von 1634 mit 6000 Zinnfiguren kann nur die Dimensionen des Truppenaufmarsches wiedergeben, nicht aber das unermeßliche Blutvergießen. Die Niederlage der Schweden öffnete damals den kaiserlichen Truppen die Tore der protestantischen Stadt. Einen weiteren Schwerpunkt des Museums bilden Werke von örtlichen Malern, wie Hans Schäufelein (um 1480–1540), dessen Zeitgenosse Sebastian Teig oder den Familien Adam und Voltz (19. Jh.). 🕓 beide Museen Di–So 10–12, 13.30–16.30 Uhr, Stadtmuseum nur März–Okt.

Östlich der Baldinger Straße zeichnet die Herrengasse den Verlauf des ersten Mauerrings nach. Bei der **Roßwette** wurden einst die Pferde zum Tränken in den Bach geführt. Die Ziegelgasse gegenüber verliert sich in einem Gewirr verwinkelter, blumenbunter Hinterhöfe, aus dem man links durch die Rothahngasse wieder herausfindet.

Ein Schlenker nach rechts, dann wieder links, und man steht staunend vor dem mustergültig restaurierten Fachwerk des *Paradieses.* Das **Klösterle** (Ecke Tändelmarkt) birgt hinter seinen weißgelben Mauern den Stadtsaal und das Restaurant des gleichnamigen Luxushotels (☎ 8 80 54, FAX 2 27 40; $))).

Der Turm von St. Georg, der „Daniel", weist den Weg ins Zentrum, vorbei am früheren *Leihhaus* (ℹ) und dem mächtigen ***Rathaus.** Markant heben sich der Schatzturm (1509) und die überdachte Renaissance-Freitreppe (1618) von der gotischen Schlichtheit des ehemaligen Messehauses (bis 1382) ab. Durch das hohe Treppenportal schritten die Stadträte auf den großen Saal (mit einem Gemälde Hans Schäufeleins) zu, durch das kleine Gefängnistürchen neben dem *Narrenspiegel* trat dagegen gewiß niemand freiwillig ...

Mit seiner prächtigen Fassade scheint das ****Tanzhaus** (1444) von Kirchen-

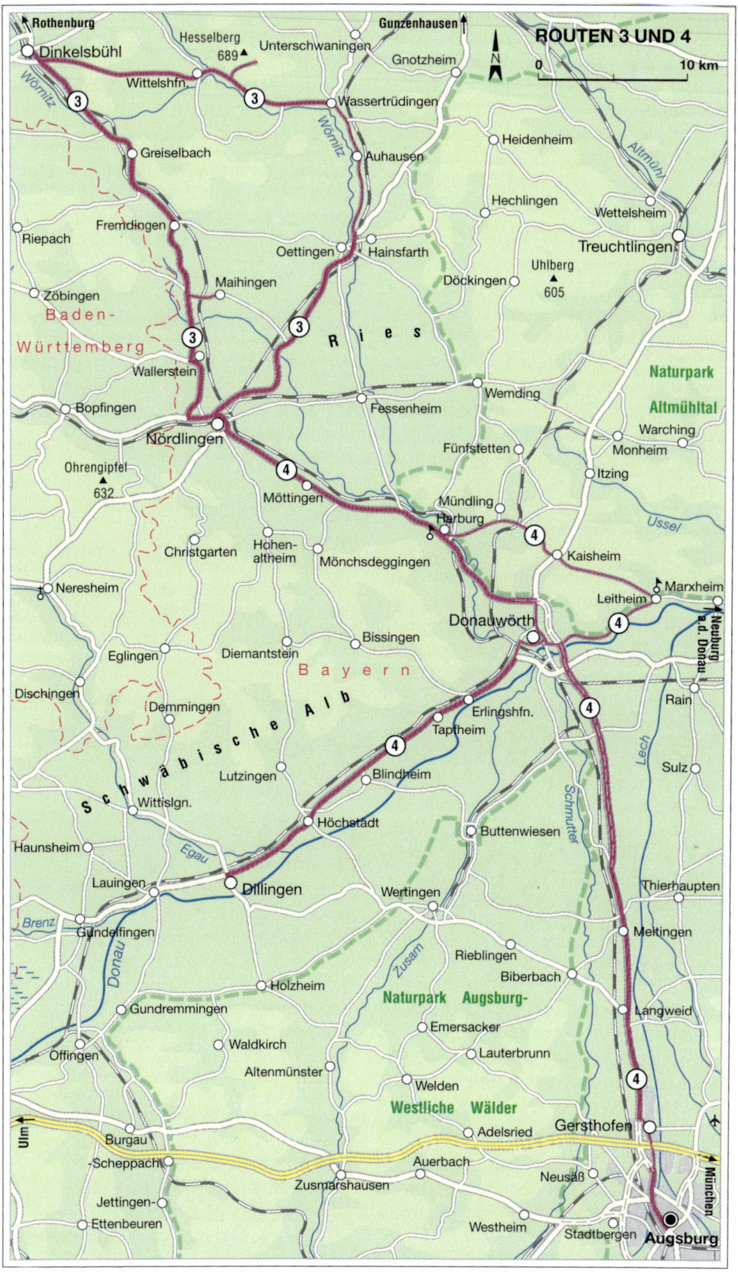
ROUTEN 3 UND 4
0
10 km
N
Rothenburg
Gunzenhausen
Dinkelsbühl
Hesselberg
689
Unterschwaningen
Gnotzheim
Wittelshfn.
Wassertrüdingen
Wörnitz
Greiselbach
Auhausen
Heidenheim
Altmühl
Hechlingen
Wettelsheim
Fremdingen
Riepach
Oettingen
Hainsfarth
Treuchtlingen
Uhlberg
605
Döckingen
Maihingen
Zöbingen
Baden-
Württemberg
Ries
Wallerstein
Naturpark
Altmühltal
Wemding
Fessenheim
Bopfingen
Nördlingen
Warching
Monheim
Fünfstetten
Ohrengipfel
632
Itzing
Möttingen
Mündling
Harburg
Ussel
Christgarten
Hohen-
altheim
Mönchsdeggingen
Kaisheim
Neresheim
Marxheim
Leitheim
Donauwörth
Neuburg a.d. Donau
Bissingen
Eglingen
Diemantstein
Bayern
Dischingen
Rain
Demmingen
Erlingshfn.
Tapfheim
Schwäbische Alb
Lech
Lutzingen
Blindheim
Sulz
Schmutter
Wittislgn.
Höchstädt
Buttenwiesen
Haunsheim
Egau
Lauingen
Dillingen
Wertingen
Thierhaupten
Brenz
Gundelfingen
Meitingen
Donau
Zusam
Rieblingen
Biberbach
Holzheim
Naturpark Augsburg-
Gundremmingen
Langweid
Emersacker
Waldkirch
Offingen
Lauterbrunn
Altenmünster
Welden
Westliche Wälder
Ulm
Gersthofen
Burgau
Adelsried
-Scheppach
Auerbach
München
Neusäß
Zusmarshausen
Jettingen-
Ettenbeuren
Westheim
Stadtbergen
Augsburg
3
4

3

Seite 81

3
Seite 81

baumeister Nikolaus Eseler das Rathaus noch übertreffen zu wollen. Der Volksmund nennt das ehemalige Messekaufhaus, in dem betuchte Familien zu rauschenden Festen luden, auch Brothaus: Im Erdgeschoß verkauften Bäcker ihre Waren. Eine Statue Kaiser Maximilians I. schmückt seit 1513 die Ostfassade. Er selbst, wie Karl V. und Goethe, logierte gegenüber in der *Sonne.*

Um ****St. Georg,** eine der größten spätgotischen Kirchen Deutschlands, pulsierten seit jeher geschäftiges Treiben und Straßenverkehr; heute setzen die Abgase dem weichen Suevit (auch Schwabenstein, aus dem Rieskrater) bedrohlich zu. Der Bau der Hallenkirche nahm fast 80 Jahre in Anspruch (1427–1505). Schlichte Säulen trennen die 39 m hohen Schiffe des langgestreckten Gebäudes (über 90 m) und bündeln die Rippen der Netzgewölbe. Der steinernen Kanzel von 1499 setzte das Barock einen Schalldeckel mit Putten auf, und auch am Hochaltar wich der gotische Schrein (jetzt im nördl. Seitenschiff) der Kreuzigungsgruppe einem pompösen Barockrahmen.

Rund 350 Stufen muß man erklimmen, um den Panoramablick vom „Daniel" genießen zu können. Er diente früher zugleich als Wachtturm; die Türmer mußten nachts mit den Posten der Stadttore stündlich Rufkontakt halten. Zwei von ihnen leben heute im Wechsel dort oben und lassen in alter Tradition ab 22 Uhr bis Mitternacht halbstündlich ihr „So G'sell, so" verlauten.

Ein Spaziergang durch den Süden der Stadt sollte in der Polizeigasse beginnen, die auf den Weinmarkt mündet. Das mächtige **Hallgebäude** (16. Jh.) an der Südseite demonstriert die einstige Bedeutung des Salzhandels für die Stadt. Auch Wein und Getreide wurden hier1 gelagert.

Die Ecke von Neubau- und Bräugasse schmückt das hübsche ***Wintersche Haus** – mit Fachwerk, einem skurrilen Eckpfosten und einer meisterlich geschnitzten Tür von 1697.

Die katholische Pfarrkirche **St. Salvator** (über Bräu- und Bürggasse) gehörte einst zu einem Karmeliterkloster. Sehr schön an der schlichten Fassade ist das „Jüngste Gericht" am Westportal (im Innern Altarbilder des 15. Jhs.).

Entlang der Mauer Richtung Osten kommt man zur *Alten Bastei,* wo im Sommer Theater gespielt wird. Bis auf das 14. Jh. geht das **Reimlinger Tor** zurück. In seiner Umgebung lehnen sich kleine Häuschen, die sog. *Kasarmen,* an die Mauer. Zu Krisenzeiten mußten hier die Soldaten Quartier beziehen. Vorbei am Münzhaus strebt die Münzgasse dem *Viehmarkt* zu. Während ein Brunnen humorvoll an bauernschlaues Geschacher vor den Kornschrannen erinnert, klingeln rundum in Geschäften und Gaststätten der lebendigen Fußgängerzone die Kassen.

Wer sich über die Entwicklung der Stadtmauer informieren will, findet das passende Museum im *Löpsinger Tor.* Das *Bayerische Eisenbahnmuseum* (Am Hohen Weg 30, ☎ 43 80) öffnet nur im Sommer an Sonntagen seine Tore.

ℹ Marktplatz 2, 86720 Nördlingen, ☎ (0 90 81) 43 80, 8 41 16, FAX 8 41 13.
Ⓗ Ⓡ **Kaiserhof Hotel Sonne,** Marktplatz 3, ☎ 50 67, FAX 2 39 99. Freundlich, komfortabel. Die sommerliche Restaurantkulisse von Daniel, Tanzhaus und Rathaus ist einzigartig. $$
**Goldene Rose** (garni), Baldingerstr. 42, ☎ 8 60 19, FAX 2 45 911. Sehr gepflegt, moderne Einrichtung. $$
**Drei Mohren,** Reimlinger Str.18, ☎ 31 13, FAX 2 87 59. Gemütliche Gaststube, einfache Zimmer. $
Ⓡ **Gasthof zum Fuchs,** Bei den Kornschrannen 20, ☎ 44 71. Deftige Hausmannskost. $

Als **Ausflugsziel** 13 km südlich: eine stille Oase im alten Klosterhof neben einer prachtvollen ***** *Rokokokirche*:
Ⓗ Ⓡ **Gasthaus Martinsklause,** Mönchsdeggingen, ☎ (0 90 88) 2 28, FAX 13 00. Das Bier im gemütlichen Landgasthof kommt aus der örtlichen Brauerei. Einfache Zimmer. $

# Route 4

## Burgen, Puppen und Ballone

**** Nördlingen – ** Harburg – * Donauwörth – (* Dillingen –) Gersthofen – ** Augsburg (86 km)**

**Es wird schwäbisch: die Alb, der Dialekt, die historischen Leitlinien. Getreidefelder überspannen die sanfte Hügellandschaft nördlich der Donau, hin und wieder drängt der graue Kalkstein an die Oberfläche und läßt nur karge Wacholderkegel zwischen mageren Grasnaben wachsen. Eindrucksvoll überragt die Harburg die tiefe Scharte, die die Wörnitz in die Albfelsen gewetzt hat. Wo das Flüßchen in die große europäische Wasserader mündet, stieg eine Fischersiedlung zur stolzen Reichsstadt auf: Donauwörth. Fugger und Kaiser hielten dort hof, und in jüngster Zeit ziehen auch Käthe Kruses Puppen kleine und große Bewunderer an.**

**Der Abstecher nach Dillingen macht mit einem Städtchen bekannt, das seine Prachtbauten dem Repräsentationsbedürfnis katholischer Kirchenfürsten verdankt. Vor Dillingens Toren, bei Höchstädt, wurde 1704 in einer Schlacht Weltgeschichte geschrieben. Den Abschluß bildet ein luftiger Ausflug in den Lech-Ebenen: das Ballonmuseum in Gersthofen.**

Auf dem Weg zur **** Harburg,** 17 km, erblickt man zunächst nur ein Ensemble kegelförmiger Turmspitzen und ausladender Ziegeldächer jenseits des Ries-Randes. Erst aus der Perspektive der Wörnitzbrücke unten im Ort werden der beeindruckende Umfang des Komplexes und seine bizarre Lage hoch über dem Fluß sichtbar. „Hore burg", die Schlammburg, nannten die Stauferkönige in Anspielung auf die mora-

*In der Donauebene bei Höchstädt*

*Eine Figur des Kaisers Maximilian schmückt Nördlingens Tanzhaus*

*Nördlingen: Der „Daniel" überragt weithin sichtbar das Häusermeer*

4

Seite 81

stige Wörnitz ihr erstmals 1050 urkundlich erwähntes Bollwerk. 1299 verpfändeten sie es an die Ries-Grafen von Oettingen, die die Pforte zu ihrem Hoheitsgebiet nach Kräften ausbauten, vor allem ab 1418, als das Pfand endgültig in ihren Besitz überging.

Eine ausgedehnte Vorburg schützte die Anlage nach Norden hin. Nur wenn das schwere Fallgitter sich hob, war der Weg zur *inneren Burg* frei. Buckelquader markieren die ursprüngliche Höhe des rechteckigen *Bergfrieds* aus dem 13. Jh. Wie der *Faulturm* (links neben dem Saalbau) war er vormals letzte Zuflucht bei Angriffen und nur über Leitern zu einem in 5 m Höhe gelegenen Tor zugänglich. Im *Kastenhaus* (rechts) lagerte man Getreide unter dem Dach, in den unteren Geschossen befanden sich Stallungen und Amtsräume.

4

Seite 81

Erst im 18. Jh. erhöhte man den *Saalbau* um das Stockwerk des Festsaals mit seinem verspielten Dekor, dessen Gemälde Motive der antiken Mythologie darstellen. Erlesene Schätze der fürstlichen Kunstkammer birgt der * *Palas* (Wohntrakt, 16./17. Jh.) im Osten, u. a. Riemenschneider-Skulpturen, Emailkunst und Bildteppiche.

Hinter der ehemaligen Hofpfisterei (heute Kasse) verbirgt sich eine im Kern romanische Kirche, die im Barock grundlegend umgestaltet wurde (Fürstengruft unter dem Chor). In der Außenwand des *Wehrgangs* entdeckt man schwere Eichenholzkugeln mit je einem Loch, das einerseits der Führung der Gewehrläufe diente; zum andern konnte man durch eine Drehung die Öffnung verschließen und so das Eindringen feindlicher Geschosse während des Nachladens verhindern. Daher der Spruch: „Holzauge, sei wachsam."

🕓 16. März–31. Okt. Di–So Burgführungen (☎ 0 90 03/14 46 oder 12 11) 9–17 Uhr; Museum 10–12, 14–17 Uhr. Ⓗ Ⓡ **Burgschenke,** ☎ (0 90 03) 15 04. Das Hotelrestaurant in der ehemaligen Burgvogtei verwöhnt mit Gerichten aus dem Ries; Terrasse im Burghof. Ⓢ

Der Wörnitzort *Harburg* an der wichtigen Heeres- und Handelsstraße schützte sich bis ins 19. Jh. mit einer Ummauerung und 5 Stadttoren. Genießen Sie die idyllischen Winkel und den überwältigenden Blick auf die Burg.

Von hier aus können Sie einen Abstecher in ein bezauberndes Hügelland unternehmen (Straße Richtung Mündling/Gunzenheim), der über *Kaisheim* nach ***Schloß Leitheim,** 35 km, führt. Beide Orte sind historisch eng miteinander verbunden. 1134 wurde in „Kaisersheim" ein Zisterzienserkloster gegründet; zu seinen Besitzungen zählte ein Weingut „Litum" an der Donau. Der strenge Konvent wurde über die Jahrhunderte reich, die mächtige * *Kirche* barockisiert (18. Jh.; die Konventbauten sind seit der Säkularisation Strafvollzugsanstalt, Kirche zugänglich). 1685 bestimmte Kaisheims Abt den Bau eines Lustschlößchens mit Kapelle auf eben jenem lauschigen Weingut – zur Erholung von den klösterlichen Kasteiungen und zur Beherbergung hochrangiger Gäste. Den Zauber des Festsaals mit seinem Wessobrunner Stuck und einem Gemälde, das Mozart zur Figur der Königin der Nacht in der „Zauberflöte" inspirierte, kann man bei Sommerkonzerten genießen. Führungen Mai–Mitte Okt. sowie auf Anfrage. ℹ Kartenservice Di–Fr 8–12, Sa ab 9 Uhr, ☎ (0 90 07) 10 16, 📠 10 19.

***Donauwörth,** einst Freie Reichsstadt, blickt auf eine mehr als tausendjährige Geschichte zurück. Eine erste Ansiedlung ist im 6. Jh. auf der Insel („werd") an der Wörnitzmündung in die Donau belegt. Schlicht sind bis heute die Häuserzeilen im *Ried,* dem Quartier der Fischer und Gerber. Das Areal auf dem östlichen Wörnitzufer wurde hingegen aufwendig befestigt, und am alten Straßenmarkt wurden herrschaftliche Häuser hochgezogen. Die Augsburger Fugger errichteten am Nordende der Reichsstraße ihr *Stadtschloß* (16. Jh.) als Machtdemonstration gegenüber den Stadtoberen, die am Südende residierten. Das *Rathaus* (13.–19. Jh.) trägt das von Kaiser Karl V. verliehene Stadtwappen mit dem habsburgischen Doppeladler. Eine moderne Variante des Emblems krönt den *Reichsstadtbrunnen* gegenüber der Pfarrkirche *Zu Unserer Lieben Frau*. 1938 wurden hier gotische Wandmalereien freigelegt, u. a. am Bogen zwischen Chor und Mittelschiff sowie in den Seitenschiffen. Der Künstler fügte, höchst ungewöhnlich für das 15. Jh., die Figuren in eine Scheinarchitektur ein, was sehr schön an der Schutzmantelmadonna zu sehen ist. Die Skulpturen am Sakramentshäuschen wiederum zeigen den erst in der Renaissance vollzogenen Schritt zur Individualisierung der Personen.

Wie viele andere Gebäude in Donauwörth, das durch Luftangriffe zu 70 % zerstört war, wurde das *Tanzhaus* nach dem Zweiten Weltkrieg historisch getreu wiederaufgebaut. Es war um 1400 als Kauf- und Festhaus errichtet worden, in dem der Rat die Bürger zum sonntäglichen Tanz lud. Zurück in die Steinzeit führt dort heute das *Archäologische Museum* (3. Stock).

Das alte *Kapuzinerkloster* (Pflegstr. 21a) beherbergt zwei außergewöhnliche Sammlungen: ***Käthe-Kruse-Puppen*** und *Erinnerungsstücke* zum Leben des Komponisten *Werner Egk*. Etwa 130 Exemplare der niedlichen Spielgefährten, die Käthe Kruse (1883–1968) seit 1910 professionell fertigte, finden in den hübschen Arrangements sofort die Sympathie der Besucher. 1947 gründete die Familie Kruse in Donauwörth ein Werk, das heute Puppen in alle Welt exportiert. Ein Kosmopolit war auch Werner Egk (1901–1983), der Lehrersohn aus dem nahen Auchsesheim, der statt Postbeamter – wie es der Vater wollte – Kapellmeister und letztlich Direktor der Berliner Hochschule für Musik wurde. Tonträger vermitteln einen lebendigen Eindruck seiner Werke, wie der Opern „Peer Gynt“ oder „Die Zaubergeige“. ⌚ Puppenmuseum: April–Okt. Di–So 14–17, Nov.–März Mi, Sa, So, Fei 14–17 Uhr; Werner-Egk-Räume: Mi, Sa, So, Fei 14–17 Uhr.

*Die Harburg ist eine der besterhaltenen und größten Burganlagen in Süddeutschland*

*Donauwörth: Stege verbinden die mauerumgebene Altstadt mit der früheren Fischerinsel Ried*

*Das Käthe-Kruse-Museum begeistert Besucher jeden Alters*

4
Seite 81

Barockkünstler fanden in der Klosterkirche *Heilig Kreuz* (nördl. des Fuggerhauses) reiches Betätigungsfeld: Nach 39 Jahren Bauzeit konnte der Wessobrunner Joseph Schmuzer 1735 sein Werk zur Weihe übergeben. Sein Bruder Franz hatte mit dem Hochaltar einen virtuos-dynamischen Rahmen für das Bildnis des hl. Benedikt geschaffen. Ein schöner Spazierweg folgt von der Kirche aus der Stadtmauer zum *Färbertor* mit seinem Fachwerkaufbau. Von hier aus bietet sich ein Abstecher auf die Ried-Insel an; zurück ins Zentrum geht's durch das *Riedertor* (Haus der Stadtgeschichte). Die Spitalstraße trifft an der Ecke zum Rathaus auf die Kapellstraße, in der seit 1214 eine Niederlassung des Deutschen Ordens bestand.



Seite 81

🛈 Rathausgasse 1, 86609 Donauwörth, ☏ (09 06) 78 91 45, FAX 78 92 22.
H R **Posthotel Traube,** Kapellstr. 14, ☏ 60 96, FAX 2 33 90. Wo bereits Mozart nächtigte, bemüht man sich freundlich um die Gäste. ($)
**Goldener Greifen,** Pflegstr. 15, ☏ 33 75, FAX 2 83 75. Modern, Gerichte mit angenehm südlicher Note. $
R **Café Engel,** Reichsstr. 10. Backwaren im ältesten Haus (1297) am Ort. ($)

## Westwärts nach *Dillingen (26 km)

Fast schnurgerade durchschneidet die B16 die Donauebene – Schauplatz heftiger militärischer Auseinandersetzungen, so auch im Dreißigjährigen Krieg. Am 15. August 1634 wurde das von den Schweden aufgegebene **Höchstädt** von kroatischen Soldaten rücksichtslos geplündert. Ganz in der Nähe, bei dem Dörfchen *Blindheim,* kämpften am 13. August 1704 die europäischen Großmächte um die Vormachtstellung auf dem Kontinent (s. S. 12). Das *Heimatmuseum* in Höchstädt widmet sich daher nicht nur den bekannten Söhnen und Töchtern der Stadt und den pfalz-neuburgischen Schloßherren. In faszinierenden *Zinnfiguren-Dioramen läßt es die Geschichte Revue passieren: 9000 Figuren veranschaulichen auf insgesamt 24 m² exakt die Schlacht von 1704. 🕓 1. So im Monat 14–17 Uhr und nach Anm., ☏ (0 90 74) 49 56. Mit der Renovierung des *Schlosses* (16. Jh.) wird die Zahl der Fayencen, die derzeit in der freskengeschmückten Kapelle ausgestellt sind, weitere Räume füllen. Schon jetzt erhält man dort Einblick in Produktion süddeutscher Manufakturen. 🕓 1. So und 3. Fr im Monat 14 bis 17 Uhr oder nach Anmeldung, s. o.

R **Krone,** Marktplatz. Landgasthof mit feiner schwäbischer Küche. ($)

7 km weiter wartet ***Dillingen** mit der architektonischen Pracht seiner *Königstraße,* deren Zufahrt von der Kapuzinerstraße her lange der *Mitteltorturm* bewachte. Da die Augsburger Fürstbischöfe seit dem 15. Jh. im „schwäbischen Rom" hofhielten, prägen religiöse Bauten das Bild. Den Steilhang zur Donau allerdings dominiert das Schloß aus dem 17. Jh. (staufischen Ursprungs, heute Finanzamt). Die Rokokopracht der *Studienkirche* und der *Goldene Saal,* die Aula des Studientraktes (Kardinal-von-Waldburg-Str.), belegen den geistigen Führungsanspruch der jesuitischen Hochschule (1551–1803). Ebenso aufwendig ließen die Stadt ihre *Pfarrkirche St. Peter* und nebenan die Franziskanerinnen ihr Klosterkirchlein mit Rokokostuck ausstatten.

🛈 Königstr. 37, 89407 Dillingen, ☏ (0 90 71) 5 41 08, FAX 5 41 99.

Für den Weg nach Augsburg bietet sich die reizvolle Strecke über Wertingen und den Naturpark *Augsburg-Westliche Wälder* an. In der rund 10 km breiten Schotterfläche des Lechunterlaufs liegt **Gersthofen.** Man würde dem Ort kaum Beachtung schenken, gäbe es dort nicht das einzigartige ** *Ballonmuseum* (Bahnhofstr. 10). 1786 versuchte der Freiherr Joseph M. von Lütgendorf von Gersthofen aus einen Ballonstart; im Laufe der Zeit schwang sich das Städtchen zum Mekka des Gasballonsports in Deutschland auf. Im alten Wasserturm entstand eine heitere Schau rund um die „heiße Luft". 🕓 Mi 14–18, Sa, So, Fei 10–18 Uhr.

# Route 5

## Heitere Kunst, königliche Traumwelt

**** Augsburg – Friedberg – * Landsberg am Lech – Schongau – Steingaden – Forggensee – ** Neuschwanstein – * Füssen (146 km)**

*Die Wieskirche ist ein Höhepunkt süddeutscher Rokokokunst*

*Morgenstimmung am Alpsee*

**Es gleicht einem Wunder, welchen Geldsegen die Religiosität Mitte des 17. Jhs. in den Süden Bayerns lenkte. Nach dem Elend des Dreißigjährigen Krieges klammerten sich die Menschen an jedes vermeintliche Zeichen göttlicher Gnade, pilgerten zu Tausenden in Wallfahrtsorte und spendeten großzügig für die heiligen Stätten, deren goldschimmernde Gnadenaltäre heute ganz profan die Kassen des Tourismus klingeln lassen. In eine Phantasiewelt floh auch König Ludwig II. Sein in dramatischer Berglandschaft inszeniertes Schloß Neuschwanstein zählt nach der Wieskirche zu den Höhepunkten der Romantischen Straße. Nicht vergessen werden dürfen darüber die Anmut der Voralpenlandschaft und die schmucken Städte.**

Das Städtchen **Friedberg**, einst bayerische Grenzfeste gegen den Herrschaftsbereich der Augsburger Fürstbischöfe, krönt eine Anhöhe 6 km östlich von Augsburg. Mit Volutengiebeln und einem markanten Zwiebeltürmchen beherrscht das *Rathaus* (1680) das Bild des Zentrums. Davor zieht die *Mariensäule* den Blick an, die zum Dank für das Ende des Dreißigjährigen Krieges und einer Pestepidemie von den Bürgern gestiftet wurde. Das * *Heimatmuseum* im *Schloß* (16./17. Jh) vermittelt

*Dillingen: der Mitteltorturm am Eingang zur Königinstraße*

5

Seite 91

u. a. einen Eindruck vom örtlichen Uhrmacherhandwerk im 17. bis 19. Jh. sowie der Fayencemanufaktur. 🕓 Mi 14 bis 16, So 10–12, 14–16 Uhr und nach Vereinb., ☎ 60 56 61.

Den Bogen zu den heiteren Kirchen des süddeutschen Rokoko schlägt die Wallfahrtskapelle ***Herrgottsruh*** am nordöstlichen Stadtrand. Für den Bau zu Ehren einer spätgotischen Christus-Skulptur gewann man hervorragende Künstler: Franz Xaver Feichtmayr d. Ä. schuf die Rokoko-Rocaillen, Matthäus Günther die Fresken des Langhauses und der Seitenschiffe, Cosmas Damian Asam das Deckenfresko im Chor.

ℹ Marienplatz 14, 8636 Friedberg,
☎ (08 21) 6 00 22 13, FAX 6 00 22 05.

Auf der B 17 nach Süden erreicht man ein Straßendorf, das zur Stadt aufstieg: **Königsbrunn.** Es lädt in ein Bauernhofmuseum ein und zu Stunden wohliger Entspannung im riesigen Erlebnisbad *Königstherme*.

5
Seite 91

Bei Königsbrunn beginnt das **Lechfeld.** Die Schmelzwässer eiszeitlicher Gletscher schotterten eine weite Ebene auf, die 955 in den Brennpunkt europäischer Geschichte trat. Immer wieder waren die Ungarn in das Herrschaftsgebiet König Ottos I. (seit 936) eingefallen, aber vergeblich gegen Augsburg angerannt, wo Bischof Ulrich residierte. Am 10. August griff auf dem Lechfeld westlich von Augsburg nun Otto I. an und schlug die Invasoren mit der Unterstützung bischöflicher Truppen.

Zum Gedenken an dieses Ereignis stiftete eine Augsburger Patrizierin 1603 in der Nähe des heutigen **Klosterlechfeld,** 37 km, eine Votivkapelle. Elias Holl konzipierte sie als feierliche Rotunde. 40 Jahre später wurde sie aufgrund des regen Pilgerstromes erweitert, und bis zur Mitte des 18. Jhs. verwandelte sich der Innenraum von *Maria Hilf* in eine mit Wessobrunner Bandelwerk verzierte Rokoko-Kirche.

***Landsberg am Lech** (20 000 Einw.), 50 km. Die verkehrsgünstige Lage entschied seit der Gründung der „Landespurc“ durch Heinrich den Löwen im Jahre 1160 über das Schicksal des Ortes am östlichen Lechufer. Der Welfenherzog und nach ihm die Wittelsbacher zogen respektablen Zollprofit aus dem Salzhandel der Saline Reichenhall mit Schwaben und der Schweiz. Als die Landsberger 1315 sich erfolgreich einer habsburgischen Belagerung widersetzt hatten, gewährte ihnen Bayernkönig Ludwig Finanzmittel zum Wiederaufbau von Stadt und Befestigung.

Ein Relikt der ersten Wehranlage aus dem 13. Jh. ist der *Schöne Turm* oder *Schmalzturm*, der den Hauptplatz nach Osten abschließt. An sonnigen Tagen, heißt es, suchten früher Marktfrauen mit leicht verderblicher Ware wie Schmalz oder Käse den Schatten des Turmes, wodurch er zu seinem kuriosen Namen kam. Der Platz ist Spiegel der Landsberger Baugeschichte: Zwei Fenster schmale gotische Häuser mit Staffelgiebeln zwängen sich zwischen behäbige Fassaden des Klassizismus. All dies übertrifft die zierliche Rokoko-Ornamentik des ***Rathauses*** (ℹ). Dort hatte Dominikus Zimmermann nicht nur das künstlerische Sagen. Der Architekt der Wieskirche wohnte ab 1716 in Landsberg, und wo er 1749–1754 als Bürgermeister sein politisches Geschick beweisen mußte, stuckierte er um 1720 Fassade und Innenräume des Rathauses. Landsbergs zweiter bekannter Künstler, Hubert von Herkomer (s. u.) malte den Sitzungssaal aus.

Ein Paradeblick auf die Stadt bietet sich von der Katharinenbrücke. Von hier aus sollte man zum *Mutterturm* im Lechpark spazieren. Der skurrile Atelierbau gehört zur Villa des Malers Hubert von Herkomer (1849–1914), der ihn zum Gedenken an seine Mutter errichtete. Ein Querschnitt seines Werkes ist hier ausgestellt. Herkomer, der lange Zeit in England lebte, war Mitglied der Royal Academy of Arts und wurde geadelt. Als Organisator der ersten deutschen Autorallyes 1905–1907 ehrt ihn ein Denkmal im Park.

Das mächtige *Lechwehr* (wohl 13. Jh.) wirkt besonders eindrucksvoll vom Ostufer an der Ecke zur Salzgasse – ein schöner Platz auch, um sich in einem Café auszuruhen. Dem Kanal folgend durchquert man das alte Mühlenviertel und steht bald auf dem Roßmarkt zwischen *Färbertor* und *Bäckertor* (beide 15. Jh.). Nun zurück in Richtung Altstadt. Auf den Vorderen Anger hat Dominikus Zimmermann in der kleinen **Johanniskirche* (1752) sein ganzes Können demonstriert. Putten, Stuckgirlanden und der seitliche Lichteinfall des Chors lassen sie weiträumig und heiter erscheinen. (Schlüssel bei der Seilerei Daschner, Nr. 214.)

Zimmermanns Handschrift trägt auch in der (im Kern gotischen) *Stadtpfarrkirche Mariä Himmelfahrt* der Rosenkranzaltar mit einer Madonna von Hans Multscher (1435). Ihren früheren Platz nimmt der pompöse Hochaltar aus der regional bedeutenden Werkstatt des Lorenz Luidl ein. Die Buntglasfenster sind Meisterwerke des 15./16. Jhs. Gleich hinter dem Kirchplatz führt ein schattiger Weg hinauf zu *Heilig Kreuz* (1754), der Kirche des ehemaligen Jesuitenklosters. Außergewöhnlich ist das Kuppelfresko mit der Schlacht des Kaisers Konstantin in Rom: Das darauf dargestellte Kreuz wirkt aus jeder Perspektive genau senkrecht. Das *Neue Stadtmuseum* nebenan (Di–So 14–17 Uhr) dokumentiert Landsbergs Geschichte, ein paar hundert Meter weiter kann man vom Turm des **Bayertors* (1425), einer der schönsten spätgotischen Toranlagen im süddeutschen Raum, die Stadt aus der Vogelperspektive erleben.

ⓘ Hauptplatz 1, 86896 Landsberg, ☎ (0 81 91) 12 82 45/46, Fax 12 81 60. Mai–Anfang Okt. Fr–So historische Stadtführungen.
Ⓗ Ⓡ **Goggl,** Herkomerstr. 19/Hauptplatz, ☎ 32 40, Fax 32 41 00. Gediegen-rustikale Atmosphäre. $–$$
**Landhotel Endhart** (garni, Tagescafé), Erpftinger Str. 19, ☎ 9 20 74, Fax 3 23 46. Modern, helle Zimmer. $–$$

Vilgertshofen ist ein Kleinod der frühen Wessobrunner Schule

Das Bayertor, Landsbergs schönster Torturm

Die günstige Lage am Lech förderte Füssens Entwicklung

5
Seite 91

**Pension Aufeld,** Aufeldstr. 3, Pitzling, 5 km südl., ☎ 40 54, 📠 40 55. Modernes Haus, Garten, direkt am Lech. $
Ⓡ **Zedernbräu,** Hauptplatz 155, ☎ 32 42 40. Holzgetäfelte Gasträume, bayerisch-internationale Küche. $
**Fischerwirt,** Roßmarkt 197, ☎ 5 07 28. Freundliche Gaststube, im Sommer Tische draußen mit Blick aufs Färbertor; schwäbisch herzhafte Gerichte. $

### Abstecher nach Bad Wörishofen

Kunsthistoriker führen vorrangig das Barockensemble des *Dominikanerklosters* als Grund für einen Besuch der Kurstadt (25 km westl. von Landsberg) an. Die Gebrüder Zimmermann haben an seiner Ausgestaltung mitgewirkt; außerdem ist hier das *Kneipp-Museum* untergebracht. Doch mag man sich in Bad Wörishofen einfach einen gesunden Spaziergang durch den *Kurpark* gönnen, den simplen Therapieempfehlungen des Wasserdoktors (s. S. 22) folgen und über die Kurpromenade bummeln. Seit 1920 darf sich der bis Mitte des 19. Jhs. unbekannte Ort Bad nennen. In Sanatorien und Kurheimen stehen über 7000 Betten zur Verfügung.

5

Seite 91

ℹ Kurhaus, Hauptstr. 16, ☎ (0 82 47) 35 02 55/-56, 📠 3 23 23.

---

Mit einer guten Karte findet man über Weicht, Jengen und Waal zurück zur B17 Richtung Unter- und **Oberdießen.** Das einzigartige ** *Privatmuseum Oswald Malura* (Mühlweg 2) bietet eine Auswahl von 100 Werken des aus Oberschlesien stammenden Malers (geb. 1906), der ab 1926 die Münchner Kunstakademie besuchte. Sie dokumentieren seinen Weg von der Lüftlmalerei zur Abstraktion. 🕓 Mi, Do 10 bis 12, Sa, So 14–18 Uhr.

Ⓗ Ⓡ Die nächste Etappe können Sie ganz unter kulinarischen Gesichtspunkten gestalten. Mit Phantasie und Feingefühl wird im **Landgasthof Hohenwart** (☎ 0 82 43/22 31, 📠 26 73; direkt an der B 17) gekocht – ohne das Portemonnaie allzusehr zu strapazieren. $$. Zimmer im alpenländischen Stil; nach Ausstattung $–$$ Eine herrliche Aussicht genießt man – nomen est omen – vom 5 km weiter südlich gelegenen **Lechblick,** ☎ (0 82 43) 22 82. $$

Die von Johann Schmuzer errichtete * *Wallfahrtskirche* Zur schmerzhaften Maria (1687–1692) in **Vilgertshofen** (Abzweigung nach Osten bei Lechmühlen; 5 km) ist ein Kleinod der frühen Wessobrunner Schule. Auch mit seinen Stuckarbeiten beschritt der Baumeister Neuland: Auf farbigen Grund setzte er kräftige weiße Akanthusranken. Die Handschrift seines Sohnes Franz Xaver Schmuzer (s. S. 92) tragen Haupt- und linker Seitenaltar, die Engel des Gnadenaltars stammen von Lorenz Luidl aus Landsberg (um 1715). Der Wallfahrtsort war bis ins 18. Jh. Anziehungspunkt für mehr als 20 000 Pilger jährlich. „Stumme Prozession“ s. S. 19.

Der Reigen barocker Kirchen setzt sich fort in *Hohenfurch* mit der Pfarrkirche Maria Himmelfahrt.

Das im 13. Jh. gegründete **Schongau** (11 000 Einw.), 85 km, rühmt sich einer *Stadtpfarrkirche* von Dominikus Zimmermann (Bauleitung und Stuck) mit Deckenfresken von Matthäus Günther (1748; s. r.) und einem Hochaltar von Franz Xaver Schmädl (s. r.). Ein weiterer Blickfang am Hauptplatz ist der edle Staffelgiebel des *Ballenhauses* (1515), in dem früher Warengeschäfte und Stadtpolitik ausgehandelt wurden. Am südlichen Steilhang zum Lech ragt der hohe *Polizeidienerturm* in den Himmel. Waren nachts die Tore geschlossen, gelangte man nur am „Alten Einlaß“ durch den Mauerring in die Stadt.

Der Straßenmarkt mit seinen Cafés im Umkreis des Ballenhauses lädt zu einer kurzen Rast ein, bevor man sich nach **Altenstadt** (2 km nordwestl.) aufmacht, der Keimzelle des Ortes an der Römerstraße von Italien nach Augsburg. Im 13. Jh. entschloß man sich jedoch, den wichtigen Marktplatz an den Lech zu verlegen. Dies rettete der verarmenden

„alten Stadt“ eine eindrucksvolle romanische Basilika: ** *St. Michael.* An der linken Chorwand wird der Erzengel als Seelenwäger dargestellt, gegenüber Mariä Verkündigung (14. Jh.). Ein wundervoll in sich ruhender Christus am Kreuz ist das großartigste Kunstwerk: nicht schmerzerfüllt mit Dornenkrone, sondern ein (nach dem theologischen Bild um 1200) erhabener König mit Goldreif. Der Taufstein im rechten Seitenschiff und das Christophorus-Fresko stammen aus derselben Zeit; damals leuchteten Pfeilerornamente (s. S. 15) und Wände in frischen Farben.

🛈 Münzgasse 5, 86956 Schongau, ☎ (0 88 61) 72 16, 7 14 44, FAX 26 26.

Von Schongau weiter über Peiting, Rottenbuch und Wildsteig Richtung Alpen fährt man durch eine Landschaft von wahrer Postkartenromantik. Deshalb lohnt sich vor allem an klaren Tagen ein Abstecher auf den *Hohenpeißenberg* (988 m; 6 km ab Peiting), aber auch in weiche Dunstschleier gehüllt entfaltet sich die märchenhafte Atmosphäre des *Pfaffenwinkels.*

Die Zwiebelhaube der ** *Stiftskirche* von **Rottenbuch,** 105 km, zieht das Auge bereits von weitem magisch an, der Innenraum des ursprünglich romanischen Baus weist sie als Juwel des Rokoko aus. Überwältigend ist die Pracht des göttlichen Hofstaats: Der Hochaltar mit der Geburt Mariens stammt (wie in der Schongauer Stadtpfarrkirche) von Franz Xaver Schmädl, der hier auch die Kanzel schuf. Matthäus Günther signierte 1742 oberhalb der Orgelempore seine Fresken zur Lebensgeschichte des hl. Augustinus. Ihre Kunstwerke fügen sich mit den dynamischen Stukkaturen von Joseph und Franz Xaver Schmuzer zu einem harmonischen Gesamtbild.

Nur 3 km weiter, an der *Echelsbacher Brücke,* strudelt die Ammer in 75 m Tiefe durch eine malerische Felsenge. Der nahegelegene Erholungsort *Wildsteig* (🛈 ☎ 0 88 67/4 09) führt ein beschauliches Dasein inmitten eines Naturschutzgebiets (schöne Wanderwege).

5

Seite 91

Die ***Wieskirche war einst eine Wallfahrtskirche in der Abgeschiedenheit eines Einödhofes – heute ist sie sogar in Japan ein Begriff. Am 14. Juli 1738 glaubte die Wies-Bäuerin, echte Tränen auf dem Gesicht ihres „Gegeißelten Heilands" entdeckt zu haben. Das Wunder sprach sich schnell herum, und der Pilgerstrom zu der kleinen Holzstatue in der Feldkapelle nahm solche Ausmaße an, daß bereits 1745 von Kloster Steingaden ein Bauauftrag an Dominikus Zimmermann (1685 bis 1766) in Landsberg erging.

In kongenialer Zusammenarbeit mit seinem Bruder Johann Baptist gelang ihm in zwölf Jahren ein Meisterwerk des bayerischen Rokoko. Die vollendete Komposition des ovalen Raums und der Malerei des Himmelsgewölbes (auf einer flachen Decke) ist auf den Chor ausgerichtet. Sein Prozessionsgang gewährte den Pilgern von nahem einen Blick auf den wundertätige Christus. Vor allem durch den indirekten Lichteinfall gewinnt der doppelstöckige Altar eine fast intime Stimmung – trotz jubelnder Farben und üppigen Stucks. Hier braucht das Auge Zeit, zu sehen.

5

Seite 91

Dominikus Zimmermann hatte durch seine Tätigkeit eine Beziehung zur hiesigen Gegend gewonnen und ließ sich gegenüber der Kirche ein Haus bauen, in dem er bis zu seinem Tod 1766 lebte.

Die Prämonstratenserabtei **Steingaden,** 122 km, wurde 1147 von Herzog Welf IV. gegründet, der mit dieser Stiftung einen erfolgreichen Ausgang seines Kreuzzugs erbitten wollte. Türme und Außenmauern behielten ihre romanische Schlichtheit, ebenso der Kreuzgang. Im Innern Kirche entfaltete sich später das Rokoko mit Stukkaturen Franz Xaver Schmuzers und Fresken von J. G. Bergmüller zum Leben des Ordensgründers, des hl. Norbert.

Ⓡ **Post.** Einfacher Gasthof mit schattiger Terrasse neben dem Kloster. $
**Post,** 7 km südlich in Trauchgau. Auf der Sonnenterrasse schmeckt eine deftige Brotzeit. $

Immer näher rücken nun von Osten her die Berge gegen das Lechtal und den *Forggensee.* Er ist die größte Staufläche des Flusses, der nordwärts in weiteren Staustufen zur Stromerzeugung gebändigt wird. Der See (mit Schiffsverkehr) bietet ausgezeichnete Wassersportmöglichkeiten, die Orte der Umgebung eine Vielzahl preiswerter Ferienwohnungen und Privatzimmer. Hat man das Moorgebiet des *Bannwaldsees* passiert, so darf man 1 km weiter die Abzweigung nach links nach **St. Coloman,** 138 km, nicht verfehlen. Hier sieht man endlich das Wallfahrtskirchlein, das auf vielen Prospekten für die Region wirbt, mit eigenen Augen. Seinen Charme machen einerseits die einmalige Lage, andererseits die Stukkaturen (1673/78) Johann Schmuzers aus. 🕓 14.30–16.30 Uhr.

Unterhalb des Gleitschirm- und Drachenflieger-Dorados *Tegelberg* (1881 m, 🚡) thront Neuschwanstein wie ein Adlernest auf einem Felsschroffen. In der mittelalterlichen Herrschaft Schwangau besaßen die Territorialherren bereits vier Burgen. Aus Schwanstein wurde letztlich Hohenschwangau, während aus den Ruinen von Vorder- und Hinterschwangau das prachtvolle Schloß Neuschwanstein entstand.

Das zwischen Alpsee und Schwansee gelegene **Hohenschwangau** (19. Jh.) hat noch mittelalterliche Schwere. Der Bauherr, der bayerische Kronprinz Maximilian, war ein großer Anhänger der Romantik und ließ das Sommerschloß ab 1833 nach Plänen des Theatermalers Domenico Quaglio errichten. Charakteristisch für die deutsche Romantik ist das Bildprogramm des Festsaals mit seinen verklärenden Darstellungen des Mittelalters. Die Gemälde mit Motiven des Schwanenritterordens (Lohengrin) und des Sagenkreises um Dietrich von Bern führte Moritz von Schwind (1804 bis 1871) aus, der bereits in der Münchner Residenz für Maximilian gearbeitet hatte. Andere Kunstwerke hier sind bis zu 400 Jahren älter, u. a. ein Flügelaltar in der Kapelle. 🕓 April–Sept. 9–17.30, sonst 10–16 Uhr.

**** Neuschwanstein,** 142 km. Die Begegnung mit der mittelalterlichen Sagen- und Ritterwelt im Schloß seines Vaters hatte Ludwig II. schon in seiner Jugend tief beeindruckt. Ein Besuch der thüringischen Wartburg regte schließlich den Plan an, hoch über der Pöllatschlucht die Burgentradition der Schwangauer aufleben zu lassen. In den Jahren 1869–1886 wuchs nach Entwürfen des Theatermalers Christian Jank unter der Leitung des Hofbaumeisters Eduard Riedel ein Schloß in den Allgäuer Himmel, das weltweit zu einem Klischee des „romantischen Deutschland" wurde.

*Klosterkirche Rottenbuch*

## Der „Kini"

Kein Kitschartikel, für den das Konterfei des Märchenkönigs Ludwig II. nicht herhalten müßte. Ab 1998 soll ein Musical sein Leben auf einer Seebühne am Forggensee aufrollen, den König-Ludwig-Schlager gibt es längst. Weit über 30 Millionen Besucher haben Neuschwanstein gesehen. Dabei wäre dieser Rummel dem König selbst ein Greuel gewesen. Alle seine Schlösser sollten nach seinem Tod gesprengt werden, damit niemand die Gefühlswelt des Monarchen entweihe.

Mit 18 Jahren hatte der am 25. August 1845 geborene Wittelsbacher die Herrschaft übernehmen müssen – in einer für Bayern außenpolitisch extrem schwierigen Situation: Die Entscheidung der „deutschen Frage" – kleindeutsches Reich unter der Führung Preußens oder großdeutsches mit Österreich an der Spitze – mit Waffengewalt stand an. Während sich der sensible Monarch durch Rückzug in eine romantische Phantasiewelt immer mehr von der Außenpolitik entfernte, zeigte er sich anderen Bereichen durchaus aufgeschlossen. So führte er die öffentliche Armenpflege ein, ersetzte die kirchliche Schulaufsicht durch eine staatliche und lehnte das päpstliche Unfehlbarkeitsdogma ab – als einziger deutscher Regent.

Die Phantasie des jungen Ludwig, die während seiner Aufenthalte im väterlichen Schloß Hohenschwangau durch Gemälde mit Motiven der mittelalterlichen Sagen- und Ritterwelt angeregt worden war, fand in den Bühnenwerken Richard Wagners einen Widerhall. Ludwig selbst suchte bei dem Komponisten Freundschaft und Geborgenheit, die ihm seine Familie vorenthalten hatte. Haltlos in seiner Gefühlswelt schuf er sich Fluchtschlösser, die seine Privatschatulle mit weit mehr als den ihm jährlich zustehenden 4 Mio. Mark belasteten. Ab 1879 lebte er völlig zurückgezogen und verkehrte nur mehr über Boten mit der Regierung. Aufgrund der Aktenlage entschied am 8. Juni 1886 ein Ärztegremium mit der Diagnose „Paranoia" die Einleitung eines Entmündigungsverfahrens gegen den König. Einen Tag, nachdem er nach Berg am Starnberger See gebracht worden war, kehrte Ludwig II. am 13. Juni von einem Spaziergang mit seinem Arzt Dr. von Gudden nicht mehr zurück – ihre Leichen wurden aus dem See geborgen. Die Todesursache ist bis heute nicht eindeutig geklärt.



Seite 91

In den Innenräumen beschränkte man sich keineswegs auf die seinerzeit gängigen romanischen und gotischen Zitate des Historismus; so gleicht z. B. der prunkvolle *Thronsaal* einer byzantinischen Kirche. Den deutlichsten Bezug auf die Ritterromantik und Ludwigs Vorliebe für die Werke Richard Wagners weist der *Sängersaal* mit einem Bilderzyklus zu Parzival auf. Gemeinsam ist allen Gemälden die Realitätsferne und ein oft bis zur unfreiwilligen Komik gesteigertes Pathos. ⏲ April bis Sept. 9–17.30, sonst 10–16 Uhr; im Sommer mehrere Stunden Wartezeit.

Sympathisch normal wirkt nach soviel Pomp das Städtchen ***Füssen** (13 000 Einw.), 146 km, das stolz auf seine zweitausendjährige Geschichte verweist. Der Felssporn hoch über dem Lech lag strategisch ideal, weshalb die Römer hier eine Festung zur Sicherung der Via Claudia nach Augsburg bauten. Rund um das im 8. Jh. gegründete Kloster St. Mang (s.u.) entwickelte sich im 13. Jh. eine Handwerker- und Flößerstadt mit bedeutenden Märkten. Die Burganlage wurde von Welfen-Herzögen und Augsburger Fürstbischöfen im 14./15. Jh. zum *Hohen Schloß* ausgebaut. Ehemalige Wohn- und Festsäle sind hier ein angemessener Rahmen für gotische Skulpturen und Tafelbilder. Staatsgalerie: ⏲ Di–So April–Okt. 11–16, Nov.–März 14–16 Uhr.

Lechwärts drängen sich die Gebäude des ehemaligen *Klosters St. Mang* bis an den Rand des Steilufers, wo der hl. Magnus um 750 eine kleine Zelle gebaut hatte. Der wenig später gegründete Konvent wurde wiederholt verändert, zuletzt Anfang des 18. Jhs. im Stil des Rokoko. Eine Besonderheit ist der Totentanz (1602) in der *St.-Anna-Kapelle* östlich der Klosterkirche. Eindringlich führen 20 Bilder die Nichtigkeit des Erdenlebens und die Allmacht des unvermittelt eintretenden Todes aus der Perspektive des barocken Christentums vor Augen. Von St. Mang aus bietet sich ein kurzer Spaziergang durch den Park hinunter ans Ufer des milchiggrünen Lechs und weiter bis zur Brücke am Ende der Lechhalde an. Ein Stück bergauf gelangt man rechter Hand zur * *Spitalkirche* (Mitte 18. Jh.). Ihre vollständig bemalte Fassade mit Darstellungen der Heiligen Florian und Christophorus erinnert an die Lüftlmalerei mancher Bauernhäuser. Der Gebäudekomplex zur Linken gehört noch zum Kloster. Hinter der raffinierten Scheinarchitektur des Zentralbaus wartet das *Museum der Stadt Füssen* (⏲ wie Staatsgalerie im Hohen Schloß) mit einer historischen Sammlung, die auch Zeugnisse des im 16. Jh. überregional bedeutenden Lautenbaus umfaßt.

Während die für das Flößerviertel typischen Flachgiebelhäuser den Straßenzug An der Stadtmauer und die Spitalgasse prägen, säumen Renaissance- und Barockgiebel Brotmarkt, Brunnengasse und *Reichenstraße*. Dort hat sich – mit Blick auf das Hohe Schloß – Kaffeehauskultur entwickelt.

Seine Lebendigkeit verdankt Füssen nicht nur der Nähe der Königsschlösser. Als Luftkurort, Kneipp-, Moor- und Mineralbad (Ortsteil Bad Faulenbach) sowie mit hervorragenden Sportmöglichkeiten an den Seen rundum verwöhnt es Publikum jeden Alters.

ℹ Kurverwaltung, Kaiser-Maximilian-Platz 1, 87629 Füssen, ☎ (0 83 62) 70 77, 70 78, FAX 3 91 81; regelmäßig Stadtführungen.

H **Hirsch,** Kaiser-Maximilian-Platz 1, ☎ 50 80, FAX 50 81 13. Elegantes traditionelles Haus. $$$
**Luitpoldpark,** Luitpoldstr./Ecke Bahnhofstr., ☎ 90 40, FAX 90 46 78. Klassisches Vier-Sterne-Haus. $$$
**Sonne,** Reichenstr. 37, ☎ 90 80, FAX 90 81 00. Kreative Küche. $$
R **Gasthaus zum Schwanen,** Brotmarkt 4, ☎ 61 74. In der behaglichen Gaststube bleibt man gerne länger sitzen, um Allgäuer Spezialitäten zu genießen. So abends u. Mo geschl. $$
**Gasthof Woaze,** Am Schrannenplatz, ☎ 63 12. Uriges Wirtshaus mit kleinem Garten. Fr geschl. $

5

Seite 91

# Praktische Hinweise von A–Z

## Behinderte

Die örtlichen Verkehrsämter bzw. die Hotels selbst geben im einzelnen Auskünfte über behindertengerechte Einrichtungen. Der Augsburger Stadtplan „Sehenswürdigkeiten" (erhältlich beim Verkehrsamt) weist eigene *Behindertenparkplätze* im Stadtgebiet aus.

## Information

Zeitunabhängig ist bei einigen Verkehrsbüros – vielerorts heißen sie *Tourist-Information* – ein kleines Informationspaket gegen geringe Gebühr aus einem Automaten erhältlich.

Die nachfolgenden Stellen (von Norden nach Süden) versenden für größere Gebiete allgemeine Broschüren, Unterkunftsverzeichnisse und Karten für sportlichen Aktivitäten.

*Arbeitsgemeinschaft Romantische Straße,* Marktplatz, 91550 Dinkelsbühl, ☏ (0 98 51) 9 02 71, FAX 9 02 79.
*Tourist-Information Fränk. Weinland,* Am Congress-Zentrum, 97070 Würzburg, ☏ (09 31) 37 33 35, FAX 37 36 52.
*Touristikgem. Liebliches Taubertal,* Pf. 12 54, 97932 Tauberbischofsheim, ☏ (0 93 41) 8 22 94, FAX 8 23 66.
*Touristikzentrum Oberes Taubertal,* Romantische Straße 14, 97993 Creglingen, ☏ (0 79 33) 6 31. Gute Angebote für Kreativ-Wochenenden und Urlaub auf dem Bauernhof.
*Tourist-Information Romantisches Franken,* Am Kirchberg 4, 91589 Colmberg, ☏ (0 98 03) 9 41 41, FAX 9 41 44. Für die ländliche Region zwischen Rothenburg, Ansbach und Dinkelsbühl. Ein ideales Gebiet zum Radeln und Wanderreiten.
*Touristikverband Ries,* Marktplatz 2, 86720 Nördlingen, ☏ (0 90 81) 43 80, 8 41 16, FAX 8 41 13.
*Tourismusverband Allgäu/Bayerisch Schwaben,* Fuggerstr. 9, 86150 Augsburg, ☏ (08 21) 3 33 35, FAX 3 83 31.
*Fremdenverkehrsverband Ammersee-Lech e.V.,* Von Kühlmann-Str. 15, 86899 Landsberg am Lech, ☏ (0 81 91) 4 71 77, FAX 12 93 05 u. 1 21 81. Organisation der *Radltour „Romantische Straße"* mit Gepäcktransport zu bestimmten Terminen im Jahr.
*Tourismusverband München-Oberbayern,* Pf. 60 03 20, 81203 München, Prospekte: ☏ (0 89) 82 99 18 30, FAX 82 92 18 28. Material über das westliche Oberbayern zwischen Landsberg und Steingaden/Wieskirche.

## Notruf

Polizei 1 10, Feuerwehr 1 12;
ADAC-Pannendienst 0 18 02/22 22 22.

## Souvenirs

*Frankenweine,* vielleicht in den derzeit sehr populären blauen Bocksbeutelflaschen, oder *Sekte* sowie Tauberländer Tropfen sind nicht nur wohlschmeckende, sondern auch lange haltbare Reiseerinnerungen.

Kleine süße Mitbringsel aus Würzburg, Rothenburg oder Dinkelsbühl sind die sog. *Schneeballen.* Die etwa 10 cm großen, leichten Gebäckkugeln werden aus dünnen Knetteigstreifen mit einem speziellen Schneeballeisen in siedendem Fett gebacken und anschließend mit Puderzucker überstäubt. Im Ries heißt die gut transportierbare Köstlichkeit *Rieser Bauerntorte* (s. S. 79).

Spielvergnügen zu zweit wie zu römischen Zeiten verspricht das *Brettspiel „Ludus latrunculorum".* Es war spannender Zeitvertreib nicht nur im alten Rom, sondern auch in der rätischen Provinz und kann heute in einer kartonierten oder hölzernen Ausführung zum Preis von 25 DM bzw. 68 DM bestellt werden bei: Ulrich Harsch, Lilienthalstr. 5, 86159 Augsburg.

# Register

## Orts- und Sachregister



## Personenregister